EUGÈNE NOEL

*

FIN DE VIE

(NOTES ET SOUVENIRS)

Avec Préface d'Elisée RECLUS

ROUEN

IMPRIMERIE JULIEN LECERF

1902

FIN DE VIE

———

EUGÈNE NOEL

D'après une gravure de BOUARD fils.

EUGÈNE NOEL

FIN DE VIE

(NOTES ET SOUVENIRS)

Avec Préface d'Elisée RECLUS

ROUEN

IMPRIMERIE JULIEN LECERF

1902

PRÉFACE

Les Notes et Souvenirs *d'Eugène Noël, que nous présentons aux lecteurs, sont la dernière œuvre de notre ami, et lui-même écrivit le mot « Fin » en belles lettres droites et fermes, avec la pleine conscience d'achever sa vie en même temps que son livre. L'honneur d'ajouter à ces pages touchantes quelques paroles d'affection et de respect me semblait revenir naturellement à des visiteurs plus intimes du foyer qu'il a quitté; mais puisque la femme et les enfants m'ont confié ce devoir, je ne puis m'y soustraire. D'ailleurs, je représente ici les amis qui se souviennent; je ne suis qu'une voix parmi tant d'autres voix, qui toutes nous répètent combien notre cher « père Labèche » fut un homme excellent et un délicieux écrivain.*

1

Eugène Noel ne ressemblait à personne. Né de la terre comme un faune ou comme un sylvain, il avait grandi et s'était développé comme un paysan philosophe, bien à part, avec son caractère bien à lui, ses idées propres, ses fantaisies person- nelles, son mouvement spontané de passion et de joies. Il n'eut rien à perdre de son enfance toujours libre et heureuse ; il n'apprit point à feindre, à simuler, à se grimer comme la plupart des hommes ; il se laissa porter par la vie sans avoir à faire effort contre le courant. Du reste, la chance l'avait pleinement favorisé en le faisant vivre à la cam- pagne, au milieu des fleurs et des bêtes : il eut le bonheur de contracter amitié avec les arbres et les humbles plantes, avec les pierres même. Pour lui, tout devint vivant : pas une goutte de rosée dont il ne fit une personne, pas un frisson dans l'herbe dans lequel il ne reconnût un de ses amis, mulot, lézard ou hanneton, pas un écho qu'il ne comprit, pas un souffle de l'air qui ne lui parût apporté spécialement par la bonne Nature.

Jeune homme, il fut aussi favorisé, même par un apparent guignon : envoyé à l'Ecole de Droit,

*il n'y put achever ses études et dut continuer, loin
de la routine et des routiniers, à s'instruire tout
seul, à interroger ses émotions en toute sincérité,
à chercher la voie originale de sa pensée. Sans
doute il ne dédaigna point les professeurs, mais il
sut les choisir parmi les grands et les garder toute
sa vie à ses côtés : c'étaient les classiques, Eschyle
et Sophocle, Lucrèce et Tacite, Montaigne et
Rabelais, Molière et La Fontaine, Montesquieu,
Rousseau, Voltaire et Diderot. Nul en France ne
fut plus intime avec ces grands hommes ; nul ne
sut mieux penser, vivre moralement, et même à
l'occasion s'amuser et plaisanter avec eux, car il
était leur camarade et leur ami. Et parmi les
contemporains et compatriotes, il sut aussi choisir.*

*A Rouen, la vieille cité normande qu'il aima
et qu'il chanta, ses compagnons constituaient certainement l'élite par l'intelligence ou le génie, par
le savoir, l'esprit et la noblesse de l'âme. Avec eux
il connut le bonheur et sut l'apprécier. Noël comprit si pleinement sa haute chance qu'il en resta
toujours jeune; à quatre-vingts ans, il n'était
vieillard que par la blancheur de sa chevelure et*

par les rides de ses joues ; mais, dans le groupe d'amis, il était le plus gai, le plus dispos, l'homme de l'espérance ailée. Pour combien de prétendus jeunes, la fin de sa vie si aimable, si joyeuse et si entraînante, eût été un beau commencement !

Nourri de la moelle des lions, Noel pouvait *tenir en mépris ce qui fait l'orgueil et la jactance de tant d'autres pauvres humains : il ne fut « ni député ni décoré ».* Et combien de gens plus célèbres que lui ne sauraient en dire autant ! Il *put se qualifier vaillamment d'ignare, parce qu'il planait au-dessus des ruses et des platitudes qui mènent au succès.* Il osa rédiger les Mémoires d'un Imbécile, *tout en se rendant au fond le bon témoignage que son imbécillité n'était pas éloignée de la haute sagesse, qu'elle était sœur de cette naïveté sans laquelle il n'y a ni progrès ni bonté dans le monde. Nommé bibliothécaire, il sut mépriser le fatras des bouquins, pour rester atta-ché aux quelques œuvres, si peu nombreuses, dans lesquelles est enfermé le trésor de la pensée humaine. Obligé par les nécessités de la vie à se faire journaliste, il devint l'honnête Jean Labêche,*

*l'agriculteur naïf qui sait bien voir les méchan-
cetés des hommes, mais qui revient toujours à la
terre nourricière, bon comme elle, et, comme elle,
se renouvelant sans cesse.*

*Ce qui fit la grande force de Noel après l'in-
fluence du sol créateur, ce fut l'amitié. On ne peut
s'imaginer Noel travaillant seul ; on le voit toujours par la pensée causant avec ses amis, riant,
plaisantant, chantant même, ou devisant des fleurs
ou des étoiles, de l'art, des beaux vers, d'un avenir
meilleur et de tout ce qui est grand et bon. Quand
il ne pouvait s'entretenir avec eux, il leur écrivait,
et quels chefs-d'œuvre sont ses lettres, étincelantes
d'esprit, d'éloquence et de gaieté !*

*Admirables étaient les compagnons et corres-
pondants qu'il avait su choisir ! L'impression si
douce et si intime que l'on éprouvait en la société
de Noel et des amis qui étaient devenus ses frères,
provenait de ce qu'ils n'avaient rien perdu de
leur nature primitive de terriens, fils du sol, et
qu'en même temps ils avaient acquis toutes les
finesses et le sens délicat que donnent l'étude, la
hauteur des idées, la compréhension de l'art.*

Hommes complets, ils étaient paysans par l'émotion primitive et simple, par l'admiration naïve, par la familiarité avec le brin d'herbe et tout ce qui germe dans la terre, tout ce qui vit dans l'enclos, dans le pâturage et la forêt : mais ils étaient aussi d'admirables raffinés par l'acuité de leur connaissance en hommes et en œuvres humaines, par l'ampleur de leur savoir, par l'aisance de leur commerce avec tous les hommes.

Combiner la simplicité parfaite de la vie et la grandeur morale d'une conduite inaccessible à tout ce qui est vulgaire ou bas : voilà l'idéal que surent réaliser les amis incomparables dont l'un était Noël ! Les Notes que nous reproduisons ici éveilleront de très chers souvenirs chez ceux qui restent du groupe étroit : ils se rappelleront les longues causeries du soir parmi les fleurs, au bord du ruisseau qui murmure sous l'ombrage des hêtres.

ÉLISÉE RECLUS.

FIN DE VIE

(NOTES ET SOUVENIRS)

— · —

I

Presque enfant, j'avais entrepris d'écrire mon journal et je le continuai longtemps. J'ai, depuis, heureusement, brûlé ce fatras. Mais, par un bel éveil de printemps du 1ᵉʳ mai 1890 (je n'avais que soixante-quatorze ans), il y eut dans l'air un si bon souffle que vraiment je me suis reporté cinquante ans en arrière. Je recommençai.

Publier l'amas de ces sénilités? Non; mais des extraits ne sont pas impossibles.

En voici quelques-uns.

*
* *

Dès le matin journée admirable, température délicieuse... Je ne me rappelle pas avoir vu un plus beau 1ᵉʳ mai.

Comment, d'ailleurs, ne pas s'intéresser à cette entente de tous les ouvriers du monde?

La même protestation le même jour, à la même heure, en Europe, en Afrique, en Amérique, en Asie...

Eveil d'un monde! La date restera.

.·.

Spectacle et spectateurs étaient prêts, quelques-uns des acteurs prêts aussi à entrer en scène, mais rôles mal étudiés, mal sus... Ces milliers, ces millions de malheureux qui, si légitimement, voudraient s'affranchir, n'ont pu s'accorder de si loin et de points de vue si divers.

Français, Anglais, Allemands, Russes, Italiens, etc., le nombre est encore si grand de ceux qui, pour n'être pas nés sur la même rive, se considèrent comme naturéllement ennemis, ennemis par devoir!

— Mais, malheureux, n'avez-vous pas pour motif d'union, votre commune misère?

.·.

— Socialisme, anarchie, etc., ne seraient-ce pas religions nouvelles?

— Peut-être! Et qui, comme les anciennes, semblent en se combattant nous attarder à l'esprit de secte. Toujours la discorde, toujours la haine, alors que l'humanité ne peut trouver son salut que dans un élan de tous vers tous !

Combien la France, s'oubliant elle-même et se fondant la première dans cette superbe internationalité, aurait un rôle digne d'elle !

.*.

Ah ! Bourgeoisie qui pouvais te faire si riche, si puissante, si glorieuse, et que voilà si pauvre, après n'avoir songé qu'à ton engraissement.

La Révolution de 1830, tu l'escamotas à ton profit ; à ton profit tu escamotas 48.

Fortifiée ou peut-être affaiblie de ton clergé, de ton armée, de ton personnel enseignant, administrant, intriguant, tu t'associas aux turpitudes du Second Empire... La troisième République aussi aura été tienne. Feras-tu tienne la Révolution qui chez tous les peuples semble se préparer ? Toi-même, tu ne l'espères pas ?

.*.

Après quelques lueurs de printemps, retour de la mauvaise saison, pluie, froid, et puis rechute au néant bourgeois. C'est le vide croissant ; c'est le spectacle d'un monde vide et fini avant qu'un nouveau monde ait pu se préparer.

. . . .

Pauvre homme! Le monde te paraîtrait moins vide si tu le regardais aux bons endroits, surtout si tu ne le regardais pas du fond de ton vide à toi-même et du fond de ta vieillesse qui te vieillit tout.

Jamais il n'y eut plus de vie, plus de travail fécond, plus de lumière. La science, qui de jour en jour s'étend, s'approfondit, circule, se propage, aurait-elle, pour toi, perdu de sa beauté?

La pluie a cessé un instant, le soleil a reparu. Profites-en pour t'assurer que la nature conserve, toujours jeune, des énergies vitales.

Tu n'as peut-être plus l'oreille assez fine pour entendre le chant des oiseaux, le bruissement du feuillage, le bourdonnement des insectes, le murmure des ruisseaux. Sois du moins persuadé que l'éternel concert ne s'est pas arrêté.

Toi, tu t'éteins, mais le monde ne fut jamais plus jeune, plus éveillé, plus fort, plus disposé aux élans fraternels. Jamais autant de choses grandes ne s'y sont accomplies.

Cette grandeur présente du monde, tous l'ont sentie; les Gouvernements monarchiques eux-mêmes ont été retenus par ce sentiment, alors que par tant d'intérêt et d'intéressés ils étaient poussés à des guerres monstrueuses. Les classes populaires pourraient tout briser; elles hésitent, s'arrêtent...

Le monde a quelque chose en lui de sacré qui le
sauve, un commencement d'ordre.

⁂

« Ce que je reproche à la science », écrit Jules
Simon, « c'est d'avoir créé l'usine ». Créer l'usine, en
effet, n'était-ce pas, sans qu'ils eussent méfait, mettre
au bagne l'ouvrier et sa famille ?

Une des conséquences de l'organisation de ces
bagnes, c'est que les gardes-chiourmes de l'usine,
devenus députés, sénateurs, conseillers généraux, etc.,
fourrés partout, prétendent imposer au monde leurs
lois et leur esprit de garde-chiourmes.

⁂

Industrie sans frein, science sans conscience, sans
justice, mettant de côté tous sentiments humains,
ne s'exposent-elles pas à être un jour maudites
comme avec la tyrannie féodale, le furent en leur
temps la théologie, la scolastique, etc., qui étaient
aussi des sciences ? Elles avaient leurs docteurs éru-
dits, féroces, sourds à toute pitié comme les nôtres.

⁂

Mais pourquoi reprocher à la science d'avoir créé
l'usine ? La science, depuis soixante ans, a-t-elle été

autre chose que servante soumise aux ordres de la féodalité industrielle et financière?

A cette servante faite pour être reine et qui n'a pas su l'être, on a demandé, on a commandé tissus, habits, souliers, chapeaux; on a dit à cette science docile : donne-nous l'ouvrier-machine, et l'ouvrier-machine fut créé. Mais voilà que, maintenant, l'ouvrier-homme meurt de faim par toute la terre.

A son tour, que demande à la science l'ouvrier mourant de faim?

Il lui demande les matières inflammables, explosibles, capables en un moment de tout renverser, incendier, détruire...

Ah! quand lui confiera-t-on à cette science son vrai rôle d'élargir et d'élever les âmes, de nous ramener à la lumière morale, à la justice, à la bonté, à la loi de solidarité qui unit tous les êtres, qui les fait ne vivre que l'un de l'autre et l'un par l'autre. On a cru beaucoup trop de nos jours à la loi d'antagonisme et de concurrence vitale. La vraie loi universelle, c'est l'association mystérieuse, intime, ineffable, indestructible et délicieuse de tout ce qui vit (et tout vit à des degrés divers). Un être qui périrait en ferait périr des milliers à côté de lui. Vous figurez-vous le monde végétal se mettant en tête que le monde animal ne vit qu'à ses dépens, et rêvant de s'en affranchir? Ce serait la préparation de sa propre ruine.

Tant que la science n'aura, comme réconfort moral, rien de plus que cet enseignement écœurant de la lutte universelle, elle restera au-dessous de toutes les religions.

La science nous redonnera, comme les anciennes religions, une énergie vivifiante plus ample, plus humaine, plus sociale que les religions n'avaient pu le faire; ou bien une réaction terrible de tous les anciens dogmes, de tous les anciens cultes, peut nous balayer demain, nous et notre civilisation et notre science morte. Il faut à l'homme du pain pour vivre, et votre science ça n'est pas du pain : il manque à sa pâte le levain de la justice, de la solidarité, de la sympathie.

II

Nous voici en juin, mois de la lumière, mois de la vie en toute son activité, en toutes ses richesses et toutes ses splendeurs...

La campagne est en fête; mais après l'avoir tant vue et tant aimée, je ne puis l'apercevoir que de loin.

De loin aussi, de plus loin encore, j'aperçois cette Afrique où tant de richesses naturelles, tant de pro-

duits se sont accumulés, que tout le reste du monde
en pourrait vivre un siècle.

Stanley, dans un précédent voyage, l'avait indiqué
déjà. Mais qu'avait-il vu alors, au prix de ce qu'il a
pu découvrir en son dernier voyage? A ses récits, à
ses tableaux, n'allons-nous pas voir s'éveiller la
convoitise de tous les peuples? S'ils pouvaient, au
lieu de cent occasions de guerre, y trouver une
occasion d'entente!

Mais quelles nouvelles révolutions économiques,
agricoles, industrielles, pourront s'ensuivre? L'invasion des céréales d'Amérique et d'Asie a déjà
bouleversé l'agriculture, et par suite, les lois de la
propriété en Europe. Que produira cette invasion
inouïe des métaux, de bois, fruits, bestiaux, graisses,
substances alimentaires inconnues, imprévues, excel-
lentes, qui demain arriveront à pleins navires dans
nos ports!

Petits seigneurs terriens, vous pourrez alors
demander des lois de protection; vous n'en aurez
jamais assez!

Vous avez tremblé aux projets enfantins de nos
révolutionnaires indigènes, mais elle viendra, la
grande Révolution, du centre de l'Afrique. Elle vous
viendra de l'Australie, de l'Asie, de partout. Le
monde s'ouvre au monde et s'envahit lui-même, se
répandant de tous les pays dans tous les pays.

Voilà, chers amis, *la grande nouvelle*.

*
* *

Cependant les journaux sont muets comme, je crois, ils ne l'ont jamais été...

Quoi ! Rien à dire, alors que, pour la première fois, l'homme a ce prodigieux don d'un incessant regard sur l'univers entier !

Jamais enseignement plus décisif ne fut offert à notre intelligence... Mais, faute de préparation, que faisons-nous de cet enseignement devant lequel pâlissent et s'éteignent tous les livres ?....

*
* *

Journée de mélancolie étrange et triste. Temps presque beau, presque laid. Demi-chaleur, demi-lumière.

Des sourdines à tout, même à la nature qui semble se dire à elle-même : chut ! et qui n'ose bouger.

*
* *

— Un formidable personnage, géant inattendu, Pantagruel immense, vient de faire au milieu de nous son entrée.

— C'est l'universel genre humain qui, pour la première fois, s'apparaît à lui-même, ne sachant s'il se doit inspirer épouvante ou confiance.

* *

Mais ne peut-on pas dire que le monde s'ouvre au monde trop vite? Nous en étions encore hier, quelques-uns en sont encore aujourd'hui, au rêve des nationalités closes et murées ou séparées par des montagnes, par des océans infranchissables. Leurs théories n'avaient point été faites pour nos montagnes percées, pour les océans franchis en quelques jours, pour le rapprochement et la fusion de tous les peuples librement répandus et circulant par tout le globe.

Le vieil esprit juif : guerre et haine à la gentilité, c'est-à-dire à l'univers entier; vol, ruine, destruction à tout ce qui n'est pas juif, à tout ce qui n'est pas le *peuple de Dieu;* vieux patriotisme, vieux militarisme romain, tout ce passé tient à la gorge le monde qui voudrait naître et l'étouffe.

* *

Certes, ce fut très beau, très bon, très noble et très grand dans l'ancien monde, le sentiment national; mais il faut au monde actuel un agrandissement, un approfondissement de l'esprit social que nos pères d'aucun pays ne purent ni concevoir, ni prévoir.

Quant à l'élan sublime de notre être en présence de la nature si insuffisamment interprétée dans l'ancien monde, que peut-il être, même aujourd'hui, comparé à ce qu'il doit devenir?

La grande poésie est en avant, comme la grande justice, si étrangère, si inconnue à nos tribunaux actuels !

Borras, le nouvel innocent, ces jours-ci condamné par vous, met en évidence ce que vous savez faire, ô juges! dont pas un seul, peut-être, n'a jamais soupçonné qu'il n'y a pas de justice sans bonté, et qu'au fond de la conscience il existe entre tous les hommes, entre l'innocent et le coupable, entre l'accusé et le juge, un lien de fraternité qui jamais ne doit ni ne peut être rompu.

*
* *

Eboulements, craquements d'un monde qui s'en va, et partout de pauvres diables (hommes d'Etat) qui, nuit et jour, rafistolent !...

« Fils de l'Homme, monte sur les hauteurs et annonce ce que tu vois », s'écriait Lamennais, il y a cinquante ans.

Mais le fils de l'Homme sur les hauteurs, — sœur Anne sur sa tour, — ne voit rien que « le soleil qui poudroie et la verdure qui verdoie ».

Eh ! que pourrait-il venir d'un monde où l'on en est encore aux cloches, au tambour, où des dames portent sans honte aux oreilles percées l'anneau de

l'esclavage, viennent au milieu de messieurs bourgeois risiblement caqueter de l'égalité des sexes?

Fils de l'Homme, tu n'as en vue, de là-haut, qu'une
société à l'état bestial avec moins de sagesse, moins
de prudence, moins de sociabilité, moins de bonté
que les bêtes.

III

Des phénomènes inattendus se produisent dans le
méli-mélon inouï des évènements contemporains.

Pendant que les Etats d'Europe languissent et
meurent de pénurie financière, voici les Etats-Unis
d'Amérique malades d'une pléthore d'argent, ne
sachant quel emploi donner à leurs millions et milliards. Quand ils avaient à rembourser leur dette,
tout allait bien ; mais tant de millions accumulés et
stagnants, enlevés à toute action, ne sont plus que
des millions morts.

— Dégrevez, leur dit-on, supprimez, tout au moins
abaissez les droits de douane.

— Miséricorde ! Attenter à nos droits protec-
teurs...

— Mourez donc, beaux millions, mourez, milliards
monstrueux, il se peut que de votre mort le monde
entier ressuscite.

*
* *

Miracle ! miracle ! miracle ! Toute la médecine une fois encore décontenancée et révolutionnée. Des guérisons se font, parait-il, comme autrefois en faisaient les prophètes, les thaumaturges, les sorciers, comme en faisaient Jésus, Mahomet et le diacre Pâris.

Le sorcier ou prophète se trouve être aujourd'hui un gars de dix-huit ans et demi, valet de ferme à l'île d'Oléron. D'abord on venait seulement des pays voisins et surtout de La Rochelle se faire guérir et miraculer. Mais le bruit s'est répandu de ces guérisons et l'on vient aujourd'hui de partout, on y vient malade, on y vient mourant, on s'en retourne guéri. Et voilà qu'à cette heure dans les Facultés de Médecine, dans les Académies, dans la Presse, ce ne sont que dissertations, glorifications, protestations, récriminations.

On cite par centaines les gens qui se prétendent guéris et la question se pose :

— Comment guérit-on? Comment prend fin ou comment se surprend l'état pathologique ? Comment se communique-t-il de l'un à l'autre ? Comment le voisin qui bâille me fait-il bâiller sans que je l'ai vu ou entendu bâiller? Comment s'étendent de l'un à l'autre certaines dispositions d'humeur, de maladie ou de santé ?

On est confondu de voir que les médecins eux-mêmes ne le savent pas bien.

Les médecins d'aujourd'hui, quand ils voient, dans les anciens livres, les traitements usités par leurs prédécesseurs, ne sont-ils pas les premiers à les déclarer absurdes et dangereux ?

Avec ces remèdes cependant, et malgré ces remèdes, quelques-uns d'entre eux, comme ceux d'aujour-d'hui, obtinrent des guérisons.

La vitalité ne semble-t-elle pas s'animer ou s'étein-dre par des influences encore peu connues ?

Ces influences, ces énergies calmantes, de pauvres diables paraissent les avoir ressenties en eux et les ont exercées au profit de certains malades, sans en avoir pénétré ou peut-être cherché le secret.

Sentir en soi la puissance de guérir ! Peut-être ne faut-il que cela pour en arriver au miracle.

Et si les centaines, si les milliers de pèlerins d'Oléron n'ont pas perdu la tête dans un affolement contagieux (ce qui est après tout possible), quel est donc le secret du nouveau guérisseur? Son nom : *Montant*, est en train de se répandre par toute la terre étonnée ; mais le plus étonné dans cet étonne-ment universel, ce doit être Montant lui-même.

Quel rêve pour ce garçon, à qui subitement arri-vent la réputation, la fortune, le bruit, la curiosité, les respects, l'adoration, les prières, les bénédictions, les cris et le défilé incessant de tous ces malades et la sensation en lui d'une faculté quasi-divine!

Ah! que l'homme est éloigné encore de savoir ce qu'il est, ce qu'il vaut, ce qu'il peut!

*
* *.

Il y a quarante-huit ans tout juste, mon père, ma mère et moi nous quittions la ville avec notre vieux cheval, nos ouvriers, nos chats, tout notre personnel, pour aller nous établir au Tot, pays des grands-parents maternels. Nous y trouvâmes, entre autres vieux· paysans, le cousin Nicolas Thirel, dont la naïveté, la crédulité bébête firent notre amusement. Nous n'en pouvions revenir : il croyait au mauvais œil, aux maléfices, aux maladies transmises par la volonté méchante de Jacques ou de Guillaume, non-seulement aux hommes mais aux animaux. C'était d'ailleurs un bonhomme laborieux, quoique jamais pressé, assez finaud, mais bon et secourable; nous l'estimions, mais nous nous en donnions à cœur joie de ses *superstitions*.

Eh bien! les naïvetés du cousin Thirel nous reviènnent aujourd'hui de l'Académie des Sciences, des Facultés de Médecine, expérimentées et justifiées.

Les maladies, les mauvaises influences, voilà que dans les hôpitaux on les transmet d'un sujet à l'autre. Bientôt on les expédiera par la poste ou par le télégraphe. Mauvais œil, maladies lancées du regard ou du geste, ce n'était point un rêve!...

Le cousin Thirel mettait aussi sa confiance en saint Médard et en saint Barnabé (8 et 11 juin); mais, rencontrant (11 juillet 1890) un honnête météorologiste, je lui dis :

— Ce déluge de pluie qui depuis la Saint-Médard nous inonde, va-t-il bientôt finir ?

— Vraisemblablement non. Je viens de faire une étude sur le relevé météorologique des cinquante dernières années, et je trouve qu'au plus grand nombre d'étés la saison paraît se *fixer* pour une période de cinq ou six semaines entre les 5 et 12 juin.

Il n'est donc ni déraisonnable, ni contraire à l'observation, de dire que si saint Médard (8 juin) met le temps à la pluie sans protection de saint Barnabé (11 juin), on en a probablement pour quarante jours. Ah! que d'excuses à faire au cousin Thirel!

IV

Auguste Préault m'écrivait, il y a trente ans, son deuil de la disparition du rire en France, me rappelant ce rire immense de nos pères, Rabelais, Molière, Voltaire, qu'on entendait d'un bout à l'autre du monde et dont la terre restait égayée, purifiée, fécondée.

S'ils riaient si bien, ces fiers esprits, c'est que le rire alors avait de l'écho chez nous. Et, de fait, je me rappelle combien, il y a soixante ans, on riait encore, quoique déjà les terribles guerres de l'Empire eussent attristé le monde. Cet attristement par la guerre, au commencement du siècle, les vieux paysans me le signalaient il y a cinquante ans; toutefois, ceux qui étaient vieux en 1830 conservaient encore quelque chose de l'ancienne gaieté.

Je les vois encore et les verrai toujours, le grand oncle Alexandre, mon père, le cousin Hamel, le cousin Helliot, décoré à Marengo de la main de Bonaparte. Quels bruyants, quels larges et entraînants éclats de rire! La maison en tressaillait d'aise de la salle à l'atelier; et si d'aventure on se mettait à raconter les faits, hauts faits, méfaits et bienfaits de maître Pierre Carlu, ça n'en finissait plus. On ne reprenait connaissance de l'heure qu'en voyant le grand-oncle frapper du poing la table, se lever et dire :

— Ah! v'là jour!

.*.

Les bulletins météorologiques nous avaient annoncé pour ces jours-ci des bouleversements terribles de l'atmosphère que devait suivre un véritable déluge.

Tout cela se résume en une petite pluie fine...

Il en sera peut-être de même des grandes catastrophes et des grandes révolutions prédites par tout
le monde et qui semblent, en effet, nous menacer.
Nombre de transformations se sont accomplies sans
révolutions, sans catastrophes et sans tremblements
de terre, de même que se sont produites, selon
M. Lyell, les transformations géologiques.

Le *peu à peu* est la grande loi du monde. Peu à
peu les continents se sont modifiés, transportés,
défaits, refaits.

Peu à peu s'est faite et se continue la transformation de tout l'ordre social, sans en excepter même la
propriété et la famille. Ce que nous prophétisaient
bruyamment de 1830 à 1840 les plus hardis socialistes, Proudhon à leur tête, nous le voyons aujour-
d'hui dépassé de beaucoup en ce qui concerne la
propriété, sans bouleversement soudain, sans cataclysmes, et par la seule loi du *peu à peu*.

*
* *

Au pauvre spectacle donné par les politiciens qui,
de l'avant ou de l'arrière, prétendent diriger les
choses, l'écœurement devient général. Je le parta-
gerais si le souvenir de cœurs droits, de vaillants
esprits connus autrefois et maintenant encore, ne
me conservait l'assurance que l'homme n'est pas
toujours méprisable.

Il y a du bon et du divin en lui comme dans la
nature.

*
* *

N'y aurait-il pas pour toute vie quelques vieilles
et chères figures dont le souvenir reste comme un
réconfort exquis.

Parmi les inoubliables et les inoubliés de mon
enfance, cœurs d'or, esprits sains et droits qui pour
toujours devaient donner à ma jeune cervelle un peu
de confiance en la nature humaine, j'aime à me
rappeler surtout ma tante Hilaire, une sœur de
mon père et de beaucoup son aînée; entre elle et
lui étaient nées neuf autres filles et un premier
garçon. Je ne la connus que déjà mère de grands
enfants, alors que j'avais au plus cinq ans. Je me
rappelle avec délices les bons petits galuchons qu'elle
tirait de son four, en dirigeant pour un jour de gala
la cuisson de ses viandes.

Dans la besace des pauvres qui se présentaient à
la ferme, je la vois encore fourrant de grosses
miches. On eût dit qu'une fée semait autour d'elle
l'abondance. Il y avait toujours dans ses poches
quelque chose à donner aux petits et aux vieux.

Ceci remonte à ma plus lointaine enfance; mais
j'avais de vingt-cinq à vingt-six ans quand je vis
tante Hilaire pour la dernière fois (peu de temps

après notre installation au Tot). Malgré les soixante-dix ans dont elle devait approcher, sa beauté de vieille me saisit. Surmontant un front superbe, d'abondants et fins cheveux blancs encadraient son visage frais et pur jusqu'à la transparence.

Les yeux scintillaient vifs et pénétrants. La bouche souriante était bonne, vraie et sûre. Voix vibrante, agréablement timbrée, geste net et loyal.

Maîtresse femme d'un maître homme qui, simple fermier cauchois, avait su partout se faire respecter, tante Hilaire était la personne considérée dans la famille ; elle avait d'ailleurs été un peu la mère de ses onze frères et sœurs. Toute la parenté ne jurait que par elle : ses décisions, ses avis faisaient loi, même pour son homme, tout maire qu'il était de sa petite commune.

Des bonnes femmes comme ça, j'en ai connu cinq ou six ; cela suffit pour que toute une vie en reste éclairée.

Une sœur de ma mère, et son aînée de trois ou quatre ans, tante Adélaïde, fut aussi une jolie personne d'un très vif et très amusant esprit, mais esprit mordant et sarcastique.

Les mots à l'emporte-pièce qu'elle ne sut jamais retenir et les commérages qu'elle aimait, amenèrent dans la famille des zizanies dont elle fut la première à souffrir, jusqu'à en devenir presque folle.

Tante Hilaire, mariée au village, comme elle y était née, avait eu la bonne chance de rester toute sa vie une franche paysanne. Tante Adélaïde, née aussi au village, mais mariée jeune à la ville, prit les allures bourgeoises, belles toilettes sans goût, le luxe rococo; ce fut pour elle une cause d'infériorité.

Il m'a été dit plus d'une fois que mes paysans dans *La Campagne* et dans les *Labêche* étaient des paysans de pure invention, que jamais ces gens-là n'avaient existé, que je ne les avait pas vus, mais imaginés et rêvés.

— Est-ce que j'ai rêvé tante Hilaire? est-ce que j'ai rêvé la famille *Vannier*, mise en scène dans *La Campagne?*

Et l'oncle Buron, qui nous racontait les malheurs de sa vie militaire en Hollande de façon à faire pouffer de rire?

V

Que la terre pourrait être belle et bonne! L'ordre, l'entente, l'harmonie, la fédération de tous les êtres entre eux serait possible, tout y tend. Les animaux ne demandent qu'à se grouper, qu'à travailler de concert, sous une direction amie. L'homme semblait désigné pour cette direction... Mais on dirait que de lui-même, ne s'en trouvant pas digne, il renonce à cette souveraineté si noble et si haute.

*
* *

Prenez quelque part un honnête bourgeois, bonasse, un peu bêta, inoffensif, n'ayant jamais fait de mal à personne ; réussissez à en faire dans un jour d'élection, ne fût-ce qu'un conseiller municipal, et peut-être verrez-vous le tranquille bourgeois se changer de lézard innocent en bête venimeuse.

De ces bourgeois envenimés, il y en a en France plus de 400,000.

Ajoutez-y les autres élus en tous genres, sans oublier 80,000 prêtres entourés de leurs bedeaux, sacristains et autres vilaines ouailles; ajoutez-y par milliers aussi (je n'en sais plus le chiffre) les magistrats dangereux, les banquiers malsains, usuriers, huissiers, gens de police, commissaires, mouchards, etc., etc. N'oubliez personne, et puis comptez les cabarets infâmes, les voleurs, professeurs de vol, racoleurs, racoleuses, etc., etc.

Et maintenant, demandez-vous par quel bon miracle de nature on peut trouver encore, en un pareil monde, chez les plus abandonnés et les plus dégradés, des lueurs et des élans de conscience....

. N'en doit-on pas conclure que malgré tout, l'espoir

est possible et que l'humanité, quant au bien, ne peut avoir dit son dernier mot.

.•.

On paraît se préoccuper, beaucoup de la diminution des naissances dans la classe aisée et dirigeante. Est-il donc regrettable de voir ces gens-là ne pas trop perpétuer leur espèce? Et ne semblent-ils pas eux-mêmes se condamner indistinctement à disparaître ?

.•.

Combien d'institutions, combien de personnalités on voit s'affaiblir, se corrompre, disparaître ! même les nationalités, si vivaces encore, il y a cinquante ans : France, Allemagne, Angleterre, Italie, Espagne, etc., les voilà qui languissent.

Mais nos petits-enfants verront-ils se former de ces ruines la patrie universelle, la vaste et fraternelle fédération des peuples réconciliés ?

.•.

Choix définitif d'un local pour le laboratoire d'entomologie... Sans que jamais je l'aie prémédité, sans que j'en aie eu même la pensée, ce laboratoire d'entomologie aura été préparé par les tendances de

toute ma vie. Il en est la fin et devient le commencement pour Paul.

J'étais loin de me douter en 1865-66, etc..., quand je faisais dans les journaux cette mémorable guerre aux hannetons, que je travaillais à l'établis-sement de mon fils. Il avait alors cinq ans.

*
* *

Les conseillers du canton suisse de Schwytz viennent de déclarer finie la légende de Guillaume Tell. Mais la légende une fois commencée finit-elle ? et la légende ne serait-elle pas encore plus vivante, plus vivifiante que l'histoire ? Combien d'indivi-dualités héroïques elle a enfantées ? Michelet, au Collège de France, nous enseignait comment Jeanne Darc était née de la légende pour devenir légende elle-même.

Devenir un personnage historique, c'est la petite gloire; mais devenir *légendaire,* c'est rester à jamais vivant, pensant, parlant, agissant en des milliers d'âmes, c'est entrer dans le sang des générations.

VI.

Relu en manuscrit quelques pages du livre pos-thume de Dumesnil, qui me font comprendre com-

bien l'un et l'autre nous aurons été peu de la génération actuelle.

Pour ce qui me concerne, il fut visible, dès l'enfance, que mon rôle ne serait pas de ce monde.
Sans avoir l'air bête, j'étais laid, malingre, chétif et
comme venu d'une autre planète. On en fit plus
d'une fois devant moi l'observation. J'en étais à ma
quinzième année, qu'une dame, à mon grand chagrin, me donnait neuf ans.

Mon père était en très bonnes relations d'affaires
avec la dynastie Pouyer, dynastie cauchoise, riche,
ambitieuse et envahissante. Rouen s'emplissait de
Pouyer, tous appartenant à la principauté cotonnière ;
Pouyer père, Pouyer fils, Pouyer aîné, Pouyer
jeune, Pouyer frères, Pouyer-Hélouin, Juste Pouyer,
Pouyer-Quertier ; un *Pouyer Tranquille* nous étonnait de son prénom dans cette famille agitée. Il y
avait même un Pouyer-Pouyer, tous gens avisés,
actifs, beaux et bruyants parleurs, grands mangeurs,
grands buveurs. Les *beuveries* Pouyer commençaient
de passer à l'état de légende.

Madrés, hardis, de belle humeur et de belle pres-
tance, on avait pour idéal dans cette famille, d'ailleurs très unie, la fortune et l'or... Remuer l'or à la
pelle devait être, depuis des siècles, leur rêve. Il
fallait que de cette tribu sortît quelque jour un
ministre des finances devant qui surgiraient des

montagnes d'or, comme avant lui l'on n'en aurait
jamais vu...

Il est vraisemblable, en effet, que jamais financier
n'avait vu, palpé, pesé, manipulé autant d'or que le
ministre à qui cinq milliards passaient par les mains
en 1871, pour s'en aller de France en Prusse...

Tant de richesses si mal défendues, si misérable-
ment livrées à l'étranger!

Quel résultat d'un si grand amour du gain personnel!

Tout cela me revient en me rappelant qu'un de
ces Pouyer, sans malveillance d'ailleurs, me repro-
chait, il y a soixante ans, mes airs de *Gobe-la-Lune*.

Eux, ont gobé les millions; mais, hélas! qu'en
ont-ils fait?

Et moi, qu'ai-je fait de mes rêves lunaires?

*
* *

Un souffle de socialisme s'élève de nouveau sur le
monde. On avait cru pouvoir l'étouffer vite.

Mais après un sommeil apparent, le voici qui nous
revient plus vivant, plus puissant, plus universel...

C'est, en effet, le socialisme international qui se
pose, à cette heure, en Allemagne, en Belgique, en
France...

.

Le gouvernement français en train de se mettre bien avec le clergé.

Les uns en rient, les autres s'en indignent. Personne ne s'y laisse prendre.

.

La vie a quelquefois pour ses périodes d'évènements ennuyeux et maussades des encadrements délicieux de beau temps, de soleil, de douceur.

Les soucis ont beau se renouveler, le beau temps l'emporte. Quatre ou cinq promenades au laboratoire, les parfums d'automne, la vue des premières feuilles tombantes, la tendre et mélancolique lumière des jours d'octobre, tout cela vous reprend. Il y a aussi le travail, les douces heures de causerie.

Voilà comment la vie se passe et se supporte et fait que, malgré tout, on l'aime.

Et puis, tant de grandes choses se font ou se préparent qu'un sentiment domine tout : l'espérance.

.

On n'a pas seulement les charmes d'un beau mois de septembre et d'un plus bel octobre, pas seulement la promenade et la causerie; un peu de musique chaque jour remet en équilibre. Ce sont de grands

3

régulateurs, de grands consolateurs et de grands
maîtres de philosophie, Beethoven, Weber, Mozart...

Mozart subjugue l'âme et l'enchante. C'est comme
un chant inspiré des plus impénétrables mystères de
la vie et de la mort, avec un fonds de mansuétude,
d'amour, de paix, d'espérance qu'on trouve rarement exprimés avec cette force, cette sûreté, cette
simplicité — simplicité si pleine d'art pourtant et
d'un savoir si profond.

*
* *

En vue d'une nouvelle édition rêvée de mes trois
volumes : *Rabelais, Molière, Voltaire,* je me suis mis
à les corriger, refondre et augmenter.

Quatre siècles remis ainsi sous mes yeux, j'y vois
combien l'homme est un être muable et susceptible
d'adaptations variées.

La métamorphose est sa loi.

Aussi quelle entière et complète et presque abso-
lue transformation si nous pouvions revoir nos
ancêtres d'il y a cent mille ans et si nous pensions
avoir une image de nos descendants tels que les
auront faits les cent mille ans qui vont suivre ! Car
infinies sont également ascendance et descendance ;
toute créature est la suite de milliers et de milliards
d'autres et doit être suivie elle-même de milliards

d'autres encore et toujours, sans fin, sans arrêt dans la mutabilité.

Faites donc, gens d'aujourd'hui, des généalogies, et reconnaissez, si vous le pouvez, à cent mille ans de distance, vos ancêtres et vos petits-fils.

VII

Un bon souvenir me revient :

C'était au mois de juin 1872. Nous habitions le Boisguillaume. M. Pouchet et Georges étaient venus nous voir, suivis d'une toute jeune et très jolie biquette.

La conversation entre Georges et moi s'engagea, à propos de cette biquette, sur les changements qui pourront d'ici à cent mille ans se produire dans toute l'animalité. Nous donnions cours à notre imagination, arrangeant à notre fantaisie le monde de ce temps-là. Notre ardeur pour le transformisme nous faisait mettre gaillardement toute la faune à la refonte. Pouchet père, la main rabattue en conque sur l'oreille, essayait de suivre la conversation, mais n'arrivait à saisir qu'un mot de temps en temps, malgré nos efforts de voix. Comme il venait d'entendre que dans cent mille ans toute l'animalité serait transformée, il dit, s'adressant à Georges, avec un sourire de profonde incrédulité :

— Si bien donc, monsieur mon fils, que dans cent mille ans ma *Zoologie classique* ne sera plus exacte ?...

.*.

Que le soleil est délicieux, quand il se montre aux feuilles tombantes !... Rarement les arbres ont été plus beaux. La température d'ailleurs parfaite. On sent très bien qu'une vie immense enveloppe et couve cette mort apparente des derniers jours d'automne.

.*.

Une vilaine tête d'abbé apparaissant à la bibliothèque m'a rappelé ceci :

Ma mère, qui avait la foi du charbonnier, avait aussi, comme le charbonnier, très peu de sympathie pour le prêtre ; tout homme d'église lui était suspect, et plus d'une fois, au Tot, elle me reprocha d'en fréquenter quelques-uns. Les dimanches, elle allait à la messe, quand elle n'était pas empêchée, et c'était tout.

Elle arrangeait et dérangeait les choses à sa façon ; mais, en pleine liberté d'esprit, elle avait certainement son petit grain de foi. Dans ces dernières années un jour ne se passait pas sans qu'elle fît une lecture de l'Imitation. Petit garçon, elle m'avait habitué à faire ma prière matin et soir; à plus de vingt ans cela durait encore. La crainte de l'affliger m'avait fait prolonger jusque-là cette soumission. J'y mis fin pourtant et, à ma grande surprise, ma mère ne dit mot, comprenant sans doute qu'une telle habitude jurait trop avec des idées que je ne dissimulais nullement et qui étaient celles de mon père.

Plus tard, quand elle me vit ne pas me marier à l'église, ne pas faire baptiser les enfants, elle me dit :

— Tu fais ce que tu veux pour toi, pour ta femme et tes enfants; je demande seulement que pour moi tu fasses selon mon désir. Promets-moi que tu feras venir un prêtre à mes derniers moments.

Je le lui promis et j'ai tenu parole. Elle-même d'ailleurs, la veille de sa mort, me rappela ma promesse.

— Quel prêtre veux-tu que je te fasse venir?

— Je n'en connais aucun; celui que tu voudras.

J'avais entendu parler favorablement d'un vicaire, jeune encore, assez agréable de sa personne (quoique depuis il soit devenu très laid), et que nous avions connu enfant : l'abbé X***.

Je le fis venir et le laissai seul avec la pauvre mourante, déjà suffoquée par la congestion pulmonaire qui allait l'enlever, mais ayant encore toute sa présence d'esprit,

L'entretien ne fut pas long. L'abbé sortit, vint à moi avec toutes sortes de condoléances et de compliments.

J'entrai aussitôt dans la chambre de ma mère, qui me dit, avec un léger haussement d'épaules :

— Tu m'as envoyé là un drôle de perroquet.

C'est lui — maintenant curé de X*** — que je voyais hier à la Bibliothèque.

*
* *

Le monde végétal entre dans son repos annuel avec sérénité, avec calme. Du 15 novembre au 15 janvier, tout va dormir; mais comme les premiers jours de ce sommeil ressemblent peu aux derniers, à ceux où devra se manifester doucement le réveil!..

D'abord, on dirait que rien n'a changé. A je ne sais quelle austérité grandiose, on sent en novembre une sorte de mort planant sur la nature. Mort apparente.

Les deux mois passés, au 15 janvier, l'herbe aura, ici et là, des sourires. Les bourgeons aux arbres, aux arbustes, commenceront de se gonfler.

Mais en novembre, tout se ferme, se blottit, se resserre... Antithèse de l'épanouissement.

*
* *

La lumière, s'affaiblissant de jour en jour, donne

à cette saison, en grande partie, son caractère mélancolique. Dès la mi-janvier, au contraire, le phénomène se produit en sens inverse : tout s'éveille,
s'égaie...

Oh! la lumière, c'est de quoi nous vivons.

Mais que la campagne est belle encore, et quels
souvenirs se réveillent de mes promenades d'automne et d'hiver sur les coteaux, dans les bois et
les prairies du Tot !

*
* *

Il n'y avait pas seulement les promenades solitaires ; il y avait aussi les promenades avec les amis,
les interminables causeries au bord de l'eau, dans
les bois, à pied le plus souvent, mais quelquefois à
cheval (avec Dumesnil). Conversations sérieuses, conversations folles, et puis, dans quelque coin retiré,
les lectures à haute voix de nos grands tragiques
avec Levallois, histoires rustiques recueillies sur le
vif avec Michelet, épisodes de la Révolution narrés
par l'historien à table le soir ou dans le jour le long
des sentiers, tout cela hante aujourd'hui ma mémoire de vieux.

Auguste Préault, le pétulant Morin, l'excellent
docteur Delzeuzes, poète aimable, R. L., notre des-
sinateur, Pouchet père et Pouchet fils, Georges
Pennetier, Alfred Péron, et combien d'autres, sont

venus là ! À Tandos, dans la poussière de la route, Préault me dessinait, du bout de sa canne, les tétons de la princesse Mathilde, avec *anecdoctes analogues au sujet.*

On parlait d'art, et Préault de déployer toute sa verve, tout son génie; car il en avait, comme artiste, et plus encore peut-être comme penseur et causeur.

Au Rombaux, dont les avenues étaient alors si pleines de majesté, nous nous promenions avec Adèle Michelet (Mme Dumesnil), avec son frère Charles, avec Levavasseur, et D..., accompagné de sa femme, si intelligente et si douce, de sa belle-sœur, si jolie, si fine et si fière.

Les demoiselles Levavasseur aussi, dans mes souvenirs, égaient ces paysages de Cordelleville, de Clères, du Mont-Cauvaire, de Cardonville, etc.

Que d'éclats de rire, et parfois aussi que de paroles prophétiques, dont quelques-unes se sont réalisées !...

VIII

Lorsque je commençai d'écrire ces notes à peu près quotidiennes, je me proposais d'éviter tous détails personnels, de n'y inscrire que mes réflexions de chaque jour sur les choses générales.

Je me conformai quelque temps à ce programme, et c'est ainsi qu'au lieu de consigner quelques souvenirs de la charmante excursion à Jumièges que

nous fîmes le 3 juillet, je me livrai à je ne sais
quelles réflexions sur les révolutions imminentes, et
cependant, à dix que nous étions, nous avions visité
le *Chêne à Leu*, Saint-Georges-de-Boscherville, Jumièges. Elie Reclus, Dumesnil, Mme Dumesnil,
Camille Dumesnil, Lambert et Mme Lambert, ma
femme, nos deux filles et moi, nous étions partis
joyeux, en deux carrosses découverts !

Lambert, dans la traversée du bois de Canteleu,
avait récité des vers. Elie Reclus, devant les ruines
grandioses de Jumièges, nous avait dit ce que la
célèbre abbaye doit à la Révolution, qui lui a donné
son relief en la mettant en ruines. La ruine est la
vraie parure du gothique.

Que n'ai-je noté ses paroles et celles de Dumesnil
sur la revanche de la nature refaisant la conquête du
vieil édifice, et celles aussi de Lambert devant le
tombeau d'Agnès Sorel ?

Combien tout cela eût été préférable à mon dire
sur l'imminence des révolutions !

Dumesnil et moi nous eûmes aussi grand plaisir,
en cette promenade, à nous rappeler nos excursions
d'il y a cinquante ans à Saint-Wandrille, à Caudebec
et dans toute la contrée.

Notre déjeuner à Duclair, en face de la Seine, avait
été comme si tous nous avions eu vingt ans ; nos
pauvres fillettes étaient heureuses de ce bon air, de

ce beau pays, de toutes ces choses pour elles si pleines de nouveauté !

En revenant, elles avaient fait d'énormes bouquets de fleurs champêtres. Lambert en avait enguirlandé nos voitures et nous étions là-dessous superbes. Les cochers eux-mêmes, bien régalés à Duclair, furent charmants de prévenances et de bons soins.

*
* *

M. Vallery-Radot m'envoie le premier volume des œuvres complètes d'Hégésippe Moreau, en tête desquelles une longue et très intéressante biographie du poète avec de nombreux fragments de sa correspondance.

Les détails navrants sur la vie et la mort (à vingt-huit ans) de ce malheureux garçon me rappellent une conversation de Mlle Bosquet, dînant avec nous au Boisguillaume, il y a une quinzaine d'années, et nous racontant les misères des gens de lettres.

La correspondance de Moreau contient le récit très ému du premier début au théâtre de Henri Monnier, en 1832, dans *la Famille improviste*. Encore un qui, pour l'avoir traversée, connut cette vie de *bohême* des artistes et gens de lettres, vie peinte beaucoup trop en beau, paraît-il, par Mürger.

Henri Monnier, plus heureusement que Moreau et que beaucoup d'autres, s'en tira, grâce à son facile caractère, en tournant tout en *blague* et se créant, par la blague même, un moyen de subsistance. Il y devint un maître, il y devint presque un classique.

Aussi, le bruit répandu dans la salle du Vaudeville, au début de l'artiste, qu'en cas de non succès il se tuerait après la représentation, pourrait-il bien n'avoir été que *blague* et charge d'atelier. Le tragique était complètement en dehors de ce caractère... La situation n'en était pas moins pathétique.

Ce jeune dessineur, déjà célèbre, renonçant à ses crayons qui ne lui rapportaient rien, et subitement se faisant acteur, c'était un vif sujet de sympathie. On frissonnait à l'idée de l'insuccès.

Heureusement, les bravos (très mérités d'ailleurs) ne tardèrent pas de rassurer artistes et spectateurs.

Henri Monnier venait de créer *Prudhomme*.

*
**

Beaux jours d'hiver à la campagne, aussi beaux que les beaux jours d'été. C'est la ville qui enlaidit l'hiver, comme elle enlaidit tout.

Promenade au laboratoire par un temps splendide. Détails curieux (donnés par Paul) sur un nouveau genre de ruches.

Vous présentez aux abeilles, dans les ruches, des alvéoles toutes prêtes. Elles se mettent aussitôt à les garnir de miel. C'est du travail épargné. Elles en profitent.

Emploi du temps et du travail en un instant modifiés.

Démenti superbe aux doctrines de l'instinct immuable.

.·.

Le Naturaliste du 1er janvier (1891) publie un article sur la *Musique de la Nature*, dans lequel se trouve exprimé le regret de voir la science impuissante à reproduire exactement la voix, les cris, le chant des animaux, ni par la notation musicale, ni par aucun instrument. On ne saurait avoir sur ce point entière satisfaction. L'auteur serait affranchi de ce regret s'il avait su mieux que les croassements, les beuglements les plus étranges, peuvent être recueillis, conservés, fixés et reproduits par le phonographe, ce qui même permet de les étudier à loisir, les ayant à sa disposition quand on veut, avec facilité de les amplifier et d'en ralentir ou précipiter les vibrations.

Non-seulement dans cette *musique de la nature* la voix des animaux, mais aussi les bruits du vent, de la foudre, de la pluie, des torrents et de la mer, peuvent être recueillis, enfermés pour l'observation attentive et lente.

*
* *

Retour de la bourgeoisie à l'église. Mamours avec le clergé.

Mais église et bourgeoisie hâtent peut-être leur fin, l'une et l'autre, par ce baiser d'Iscariotes.

IX

Jours de vrai printemps; des dames assises dans *Solférino* cousent, brodent, tapissent, font du crochet, pendant que les enfants jouent. Quelques vieux aussi sont là qui s'épanouissent au soleil, et ces vieux m'en rappellent d'autres.

Il y a, dans les environs de soixante-dix ans — c'était en 1821, 1822 — mes parents habitaient encore rue Saint-Hilaire — il y avait dans le voisinage plusieurs vieux et vieilles qui, pour l'âge, en étaient à peu près où me voilà moi-même arrivé. Suivant l'usage de ce temps-là, les rues, encore peu fréquentées des voitures en dehors du vendredi, jour de halle et de marché, étaient pour chacun comme une cour où l'on passait les trois quarts de son temps à travailler, à causer, à jouer, à dîner quelquefois. Des artisans même y exerçaient leur profession en plein air : les menuisiers, les tonneliers, y varlopaient leurs bahuts, y passaient au feu

leurs tonneaux ; les forgerons y forgeaient, les ma-
réchaux y ferraient les chevaux, les charcutiers y
flambaient leurs cochons. C'était un spectacle. Les
vieux, assis au soleil, restaient là des heures et des
heures sur leur chaise ou sur un banc.

Nombre de maisons avaient leur banc, dont
plusieurs ne rentraient pas même la nuit.

Je voyais tout cela du seuil de notre porte, où
j'étalais mes joujoux comme une marchandise, en
criant : *six sous la pièce ! six sous la pièce !* où je cul-
tivais des fleurs dans des pots, où je m'amusais avec
Zerbine, la petite chienne de l'épicier, notre plus
proche voisin. Il y avait aussi la jolie petite fille aux
yeux bleus et vifs du boulanger d'en face, et puis la
grande fille noire du cordonnier d'à côté. On jouait
au volant, aux billes, on sautait à la corde.....
Je voyais ces pauvres vieux assis tranquilles et
comme regardant en eux-mêmes... et que de choses
ils y trouvaient !... leur vie personnelle, et puis
toute l'histoire du dernier demi-siècle...

Quels évènements ! Nés en plein Louis XV, au
temps de l'*Encyclopédie* et des philosophes, émus
encore, et quelques-uns effrayés, des doctrines qui
commençaient à circuler, de Voltaire, de Jean-
Jacques, ils avaient vu la période des réformes
rêvées avec crainte ou désirées. Puis étaient venus
Louis XVI et son Autrichienne, et puis Turgot, et

puis Necker, et puis le renversement de l'un et
l'autre ministres; ils avaient vu les Etats-Généraux,
le Jeu de Paume, Mirabeau, la Bastille, etc.

La Terreur, enfin, et surtout l'horrible *Terreur
blanche*, dont plusieurs, en 1822, étaient encore
pâles et muets. Le Directoire, le Consulat et l'Empire, et Sainte-Hélène, cinquante années d'évènements formidables...

Voilà ce que ruminaient ces vieux; quelques-uns
frémissaient encore des cours prévôtales et d'un
certain M. de Marivaux, qui en avait été, à Rouen,
le président maudit. Pour des vétilles, pour un mot
faussement rapporté, d'honnêtes gens, tels et tels,
avaient été punis de mort.

Ces pauvres vieux venaient quelquefois causer
avec mon père, se régaler d'une prise dans sa large
tabatière. Quels récits! D'autres voisins, un peu
plus jeunes, avaient été soldats : ils avaient vu l'I-
talie, la Hollande, l'Egypte, l'Allemagne, l'Espagne,
la Russie. Ils se rappelaient les uns aux autres tout
ce passé. Quel roman! roman d'aventures et d'hé-
roïsme! Et ce roman, c'était leur histoire!... Les
livres étaient à jamais pleins de cette gloire qui était
leur gloire.

Aussi, n'ai-je plus revu de visages si fiers, si
nobles, et, quelques-uns, si bons!

Comme les vieux d'alors, vieux aujourd'hui moi-

même, sans avoir pourtant leurs souvenirs épiques,
je me surprends, au milieu de mes livres fermés,
faisant comme ils faisaient, mes lectures.intérieures.
Ceci est un des charmes de la vieillesse, et ce charme
peut aller jusqu'au ravissement.

Parmi ces vieux, il y avait aussi une vieille
toujours sur la porte, assise dans un fauteuil, non
loin de la *Croix-de-Pierre;* c'était une marchande de
chaux vive appelée la *mère Dieu.* Une large cornette,
de beaux cheveux blancs, sa figure calme et réfléchie,
me causaient une impression de respect, de crainte et
de tremblement tout à fait extraordinaire. Il m'en
prit plus d'une fois des palpitations. C'est que, sans
oser le dire à personne, ni poser même à ma mère
aucune question là-dessus, je n'étais pas bien sûr
qu'elle ne fût la propre femme du bon Dieu. Elle
n'était pas sans ressemblance avec le *Père éternel
d'Honfleur,* que réprésentait, au milieu de Mages,
une très belle enseigne sur le quai.

On n'a pas idée de l'intérêt et de l'émotion que
me causaient tous ces vieux.

X

Vis-à-vis de notre demeure se trouvait l'auberge
de *Saint-Christophe,* dirigée par un de ces vieillards,
M. Lecouvreur; celui-là, tout à fait homme de

l'ancien régime : il portait encore la queue, et cette queue était pour moi un véritable monument historique ; il avait trois filles, dont deux fort jolies : Rose et Caroline, couturières l'une et l'autre, et puis il y avait Paméla, petite *Cendrillon* volontaire que ses goûts retenaient à la cuisine avec sa mère.

Ces trois aimables et accortes personnes chantaient toute la journée et m'apprenaient leurs chansons :

Fleuve du Tage...

ou bien

Dans un beau château d'Andalousie...

et autres romances niaises.

C'était idiot ; mais les chanteuses, avec leurs seize et dix-huit ans, avaient tant de grâce, tant de gaîté et des voix si touchantes, que, ma foi, je trouvais le tout à mon gré, et qu'un grand garçon qui venait quelquefois était absolument de mon avis.

Il lui arrivait même de chanter avec ces demoiselles.

La mère Lecouvreur avait eu un premier mari appelé Chastel ; de ce premier mariage était né le poète Chastel, ami du jeune peintre Court, qui fut, vers ce temps-là, prix de Rome. Il avait été aussi l'ami de Pouchet.

Chastel lisait ses vers à mon père ; il avait pensé

4

d'abord à se faire acteur, était entré au Conserva-
toire et avait tenté un début au Théâtre-des-Arts,
dans le rôle de *Tartufe*. Son émotion avait été telle
qu'il s'était enfui dès le premier vers, en offrant son
mouchoir à Dorine.

Peu de temps après cette aventure, il tomba malade et mourut de la poitrine ; soigné par ses sœurs,
je le voyais avec épouvante s'aider dans sa chambre
d'un bâton pour faire quatre pas.

J'allais aussi quelquefois écouter les histoires du
perruquier Desjardins. Ce perruquier, causeur et bel
esprit, avait aussi une grosse fille d'une vingtaine
d'années qui babillait comme son père, en faisant
de la dentelle au métier. Je la regardais avec ravissement manier ses fuseaux, et que n'aurais-je pas
donné pour faire aussi de la dentelle !

Parmi les vieux du quartier, il y en avait un dont
le fils était ami de mon père. Le père et le fils
faisaient des bas au métier, ce qui était pour moi un
autre objet de très attentive curiosité. Ce très honnête vieillard, grand, un peu voûté comme presque
tous les bas-d'estamiers, m'étonnait par sa vie silen-
cieuse, par je ne sais quoi de terrifié. Mon père et
son fils quelquefois parlaient devant lui des évènements du jour ; le pauvre homme, aussitôt, disparais-
sait, désapprouvant visiblement toute opinion politique. Du moins, il en désapprouvait l'expression.

Mon père m'a parlé d'un autre bonhomme qui regardait partout autour de lui, avec inquiétude, pour vous dire, très bas : « Bonjour, Monsieur, comment vous portez-vous ? »

Ces bonnes gens m'apparaissent aujourd'hui comme des personnages particuliers à ce temps-là, et que ni l'histoire, ni le roman, ni le théâtre n'ont, je crois, jamais peints.

Devant le père Germain — c'était son nom — si l'on faisait allusion au roi régnant Louis XVIII ou à Bonaparte, si l'on parlait des batailles de la République ou de l'Empire, si l'on s'entre-communiquait à voix basse, mystérieusement, quelque nouvelle du prisonnier de Sainte-Hélène, on voyait frissonner le pauvre vieux, comme si déjà sa tête était menacée.

Mais ce que je me rappelle surtout du père et du fils Germain, c'est leur jardin. Passionnés de culture florale, ils n'avaient malheureusement qu'une cour sombre, humide et glaciale, que jamais n'égayait le soleil. C'est de cette cour qu'ils avaient fait leur jardin. J'y voyais les plantes s'allonger, s'étioler, prendre un aspect absolument différent des mêmes plantes cultivées chez nous en plein air. Un genêt d'Espagne me navrait par ses attitudes ; il avait perdu la faculté de fleurir ; visiblement, il ne pouvait vivre longtemps ; en le voyant ainsi languir, je pensais au fils Chastel.

Je commençai ainsi de comprendre combien les
plantes peuvent être modifiées par le changement
de milieu. Je fis, dans mon propre jardin, des essais,
qui me démontrèrent mieux encore à quel point la
vie végétale est malléable.

Lorsque, vers cette époque, il fut question devant
moi des aperçus de Lamark sur le transformisme,
lorsque je lus dans Buffon, à l'article *pigeon*, que les
animaux, eux aussi, sont à volonté modifiables, je
me rappelai cette influence modificatrice du milieu
observée dans le jardin de MM. Germain.

Voilà les souvenirs qui, ce matin, me revenaient,
pendant que j'étais près du feu, assis sur ma chaise,
immobile et silencieux, comme les vieillards de mon
enfance, il y a soixante-dix ans.

*
* *

Le Temps publiait ces jours derniers l'histoire d'un
très pauvre diable, honnête et doux, serviable, irré-
prochable de conduite, qui, plusieurs fois, s'est vu
mettre en prison pour vagabondage; qui, étant soldat,
s'est fait condamner comme déserteur, parce que de
temps en temps il est pris du besoin irrésistible,
aveugle, de s'en aller, marchant droit devant lui,
infatigablement ; il fait en moyenne, dans ses crises,
soixante-dix kilomètres par jour. Il a visité ainsi

l'Europe entière, surtout le Nord, qui l'attire particulièrement.

Ces crises de voyage ne peuvent être arrêtées par rien. Sur le point d'épouser une femme qu'il aime, le voilà pris un peu avant le mariage ; il disparait, s'en va de ville en ville ; après quelques mois, il se *réveille* et revient au pays, honteux de son escapade.

Marié et père de famille excellent, il n'en est pas moins emporté par ses *crises de juif errant :* femme, enfants, laissés à l'abandon...

Il me prenait, en lisant, grand'pitié de ce malheureux.

J'ai, moi aussi, mes *crises*, non de voyage, mais *crises* d'écriture. Et me voilà dans une de ces crises qui auront été une des misères de ma vie. Mais ne sommes-nous pas tous des *juifs errants* poussés par un démon intérieur ?

Ecris donc, pauvre démoniaque, écris...

Peut-être te réveilleras-tu demain honteux de tes fantasques barbouillages ; mais il faut écrire, écrire, il faut aller, aller...

XI.

Le pape, en ce moment, m'étonne : il déclare qu'il n'y a pas, en Europe, 3 o/o de bons catholiques.

Autre déclaration papale non moins surprenante.

Les anciennes dynasties semblent si bien avoir fini leur temps, que le malicieux Saint-Père réprouve leur alliance et cligne de l'œil à la République.

—

Relisant çà et là les *Essais de Montaigne*, je me rappelais le petit livre exquis des *Pensées*, tiré des Mémoires du cardinal de Retz, par le docteur Letourneau, et rêvais un recueil du même genre tiré de Montaigne.

Pour me donner un aperçu succinct d'un tel recueil, je relevais quelques-uns de mes anciens soulignements (faits au Tot) dans mon exemplaire. J'en reproduis quelques-uns :

« Je suis moi-même la matière de mon livre. »
« Toute autre science est dommageable à celui qui n'a la science de la bonté. » I. 19.

—

A propos de la fixité des continents, soutenue par quelques géographes :

« Quand je considère l'impression que ma rivière de Dordogne fait, de mon temps, vers la rive droite de sa descente, et que depuis vingt ans elle a tant gagné et dérobé... je vois bien que c'est une agitation extraordinaire. » I. 30.

—

Ce sujet lui tient au cœur, et, plus tard, il y revient :

« Le monde n'est qu'une branloire pérenne ; toutes choses y branlent sans cesse : la terre, les rochers du Caucase, les Pyramides d'Egypte ; et du branle public et du leur, la constance même n'est qu'un branle plus languissant. Je ne puis assurer mon objet, il va trouble et chancelant d'une ivresse naturelle ; je le prends en ce point, comme il est en l'instant que je m'amuse à lui ; je ne peins pas l'être, je peins le paysage. » III. 2.

———

Sur la stabilité des Etats :

« Tout croule autour de nous, en tous les grands Etats... Regardez-y, vous y trouverez évidente menace de changement et de ruine. » III. 9.

———

« Je ne vois le tout de rien. » I. 50.

———

« Plaisante foi qui ne croit ce qu'elle croit que pour n'avoir pas le courage de le décroire. » II. 12.

———

« J'ai vu en mon temps cent artisans, cent laboureurs plus sages, plus heureux que des recteurs de l'Université. » II. 12.

« Qui nous comptera pas nos actions et déporte-
ments, il s'en trouvera plus grand nombre d'excel-.
lents entre les ignorants qu'entre les doctes : je dis
en toutes sortes de vertus. » II. 12.

—

« Ce grand corps que nous appelons le monde
est chose bien autre que nous ne jugeons. » II. 12.

—

« C'est un grand ouvrier de miracles que l'esprit
humain. » II. 12.

—

« Qui est-ce donc qui est véritablement ? ce qui
est éternel. » II. 12.

—

« Je n'ai pas plus fait mon livre que mon livre
ne m'a fait. » II. 18.

—

« Rien ne s'est ingéré en cet Univers qui n'y
tienne place opportune. » III. I.

—

« Si mon âme pouvait prendre pied, je ne m'es-
saierais, je me résoudrais. Elle est toujours en apprentissage. ». III. 2.

—

Ceci nous explique le sens du mot *Essais*. Montaigne s'essaie, comme s'essaie la nature entière qui, d'essais en essais, va toujours recommençant l'éternelle et changeante besogne, série infinie de tâtonnements où « l'âme ne peut prendre pied » et toujours va, cherche, cherche, *s'essaie* en un éternel apprentissage.

Montaigne n'a vu au monde rien de plus que des *essais*. Tout ce qui se fait ne lui paraît être qu'essais, et voilà pourquoi il se décide à nous donner, lui aussi, non pas son *œuvre* ou ses *œuvres*, mais les *Essais de Michel Montaigne*.

« Je dis vrai, non pas tout mon saoûl, mais autant que je l'ose dire, et j'ose un peu plus en vieillissant. » III. 12.

—

« La foule me repousse à moi. » III. 9.

—

« Vous êtes plus absent de votre ami quand il vous est présent. » III. 9.

—

« Plaisante fantaisie! Plusieurs choses que je ne voudrais dire au particulier, je les dis au public; et sur mes plus secrètes sciences, je renvoie à une boutique de librairie mes amis plus féaux. » III. 9.

—

« J'ai tout dit ou tout désigné ; ce que je ne puis exprimer, je le montre du doigt. » III. 9.

—

« Il n'est si homme de bien, qu'il mette à l'examen des lois toutes ses actions et pensées, qui ne soit pendable dix fois en sa vie ; voire tel, qu'il serait très grand dommage et très injuste de punir et de perdre. » III. 9.

—

« La vieille théologie était toute poésie. » III. 9.

—

« Je n'ai vu monstre et miracle au monde plus exprès que moi-même. » III. 11.

—

« C'est mettre ses conjectures à bien haut prix que d'en faire cuire un homme tout vif. » III. 11.

—

« Nul n'est arrivé à soi. » III. 12.

—

« L'usage nous fait voir une distinction énorme entre la dévotion et la conscience. » III. 12.

—

« Les paroles redites ont, comme autre son, autre sens. » III. 12.

—

« Combien ai-je vu de condamnations plus crimineuses que le crime. » III. 13.

—

« Combien le monde est plus ample et plus divers que les anciens ni nous ne pénétrons ! » III. 13.
« J'allègue aussi bien un mien ami qu'Aluyelle ou Mucrobe. » III. 13.

—

« — Je n'ai rien fait d'aujourd'hui.
« — Quoi ! Avez-vous pas vécu ? C'est non-seulement la fondamentale, mais la plus illustre de vos occupations. » III. 13.

—

« Au plus élevé trône du monde, si ne sommes-nous assis que sur notre cul. » III. 13.

XII

Il y eut hier cinq ans, nous déménagions de Bois-guillaume et venions habiter le Musée-Bibliothèque.

Pour la première fois, j'allais me trouver sans jardin. C'était un chagrin et une inquiétude. La santé n'en souffrirait-elle pas ? N'avoir plus à cultiver, à voir croître, à vivre un peu en plein air, c'était une privation.

Le souvenir me revenait de jardins que jusque-là j'avais toujours eus à ma disposition. Petit jardin de la rue Saint-Hilaire, où se passèrent les années si heureuses de mon enfance et que j'ai décrit dans la *Vie des fleurs;* c'est là que je plantais des arètes d'alose. Vint ensuite, route de Darnétal, le parterre dont je brouettai la terre dans la vaste cour de notre habitation, et que j'ai décrit dans un article du *Magasin pittoresque :* « Le jardin de Monsieur Bar. »

Quelques années plus tard, mon père loua près de notre domicile, précisément à l'endroit où passe aujourd'hui le chemin de fer, derrière l'église Saint-Hilaire, alors modeste et rustique, un jardin que je refis à ma fantaisie, dont je traçais les allées, à la grande satisfaction d'une dame. qui se réjouissait à me voir, de chez elle, tirer mes plans, bêcher, semer, repiquer; et puis, ce fut le Tot, où j'eus à transformer une prairie en parterre d'agrément et en potager. Cette prairie, entourée de ruisseaux courants et limpides, terminée au fond par un étang où jaillissait, au milieu de grands peupliers, une partie des sources de la Clairette, vue de la route, offrait un petit coin enchanteur.

J'en dessinai les plates-bandes sur le terrain même. Ni murs, ni haies. Rien que prairies, coteaux verdoyants, et puis la belle futaie de Cordelleville (abattue depuis) qui, la nuit, nous envoyait ses concerts.

L'originalité du lieu était en ses eaux vives et gaies et de si pure transparence! Que de fois je croquai le cresson au bord de leurs rives, en fredonnant à mi-voix, sur airs improvisés, la strophe délicieuse de Pétrarque :

Chiare, fresche e dolce acque !

Après le Tot, revenu à Rouen, je retrouvai le jardinet de la rue du Pérou, de même grandeur à peu près que mon premier jardin de la rue Saint-Hilaire. Enfin, au Boisguillaume, section du Brillant point de vue, au milieu d'un jardin beaucoup plus spacieux, je me retrouvai en plein air, avec un horizon lointain et superbe comme je n'en avais jamais eu, et dont j'ai tâché de donner quelque idée dans *Rouen, promenades et causeries.*

Voici du reste l'ordre, la date et la durée des résidences où s'est écoulée ma vie, résidences qui toutes eurent leur jardin, excepté la résidence actuelle.

Rue Saint-Hilaire, de 1816 à 1823	7 ans.
Route de Darnétal, de 1823 à 1842.	19 —
Au Tot, de 1842 à 1861	19 —
A Rouen, rue du Pérou, de 1861 à 1867.	6 —
Au Boisguillaume, de 1867 à 1886.	19 —
Musée-Bibliothèque, de 1886 à l'heure présente. .	5 —
	75 ans.

Addition effrayante !

*
* *

Qu'ai-je fait de ces soixante-quinze années?

« — Avez-vous pas vécu? disait Montaigne; c'est non-seulement la fondamentale, mais la plus illustre de vos occupations. »

A toute station dans la vie, on laisse de soi, on emporte quelque chose.

Nous laissions au Tot mon père et revenions à Rouen avec Paul. Au Boisguillaume, nous avions perdu ma mère et nous avions eu Camille. Dix ans auparavant nous était née Georgette, rue du Pérou, en 1862, mais nous y perdions, en 1866, notre petit Alain, mort d'éclampsie huit jours après sa naissance.

Tombes et berceaux, deuils et joies, c'est la vie.

XIII

Visite avec le docteur Letourneau au monument

de Flaubert, œuvre de Chapu, belle d'exécution, mais de conception pauvre.

Sévérités du docteur pour le romancier réaliste.'

. . . .

Puisque je note les sévérités de notre ami Letourneau pour Flaubert, je dois noter son admiration pour Bouilhet.

Il explique le peu de succès de celui-ci par son éloignement de Paris.

On pourrait ajouter que modeste répétiteur de latin et de grec, puis bibliothécaire de province, il fut toujours par situation et par tempérament un homme simple et très peu bruyant, alors que de nos jours le bruit ne va qu'à ceux qui en font.

.*.

Comme toujours, en approchant de Vascœuil, vendredi dernier, nos pensées devenaient plus sérieuses. Cinquante ans de bons souvenirs attachés à cette maison, ne serait-ce pas assez pour émouvoir?

Mais le lieu lui-même, par son austérité, par le calme imposant et bon de ceux qui l'habitent, peut aussi expliquer le fait ; tous l'on sentie, cette *tranquillisante* impression de l'arrivée et du séjour à Vascœuil.

Michelet, visiblement, s'y sentait dans un sanctuaire, et voulut s'y marier en 1849, et me l'écrivit.

Cette émotion, depuis je l'ai retrouvée chez bien d'autres, notamment l'an passé chez Albert Lambert. M. Renan, qui n'a connu que par son fils Ary la vieille maison, en a parlé comme d'un Eden dans une lettre à Dumesnil. Elisée Reclus a dit : Ce doux Vascœuil. » (1)

*
* *

Je ne sais pourquoi, vendredi, pendant que la voiture nous cahotait, à la descente de la côte, en vue de l'amical domaine, il ne me revenait au souvenir que tombes, tombeaux, inscriptions funéraires. Le culte des tombeaux ! — pourrait-on en faire l'aveu à d'autres qu'à soi-même ? — le culte des tombeaux m'apparaissait comme une impiété. Je me demandais avec plus de force que jamais ce que je me suis toujours demandé, d'où pouvait provenir ce désir de nous enfermer dans la mort, de nous entraver et ligaturer jusque dans la décomposition, après avoir déjà tout fait pour nous ligaturer vivants.

(1) « Mon fils Ary vient de nous arriver à minuit, ravi, dispos, enchanté de son voyage, et notamment de son séjour à Vascœuil, qu'il déclare un paradis terrestre.
            » E. RENAN, 18 juillet 1877. »

« Ce bon et doux Vascœuil, tant aimé de ceux qui l'ont connu.
            » Elisée RECLUS, 27 décembre 1877. »

Voudrait-on, en arrêtant la transformation, arrêter, retarder la reviviscence ?

Ces restes d'une personne aimée, que dans un
jour de déchirement vous déposez au cimetière, si
vous les laissiez à eux-mêmes, vivants qu'ils sont
toujours, ne tarderaient pas à se donner pour tombeau
l'Univers entier. Dans l'air, dans le parfum des
fleurs et des fruits, vous les retrouveriez; bientôt ils
deviendraient partie de vous-même.

F.-A. Pouchet écrivit dans son testament qu'on ne
devait rien faire qui pût ralentir la transformation
de ses restes.

Comment a-t-on pu jamais imaginer qu'un mort
déposé dans la fosse allait s'y tenir ?...

La distinction malheureuse d'Esprit et de Matière,
ici, a tout faussé. On a supposé que l'esprit parti il
ne restait plus rien que matière puante, et, par con-
séquent, méprisable; mais sa puanteur, c'est sa vie;
Matière ne connaît pas la mort; Matière, c'est la
vie éternelle. Bâtissez pour vos morts tombeaux,
cercueils, pyramides, trouvez pour les construire
les métaux les plus inusables, jamais vous ne for-
cerez un mort à rester dans la tombe; toujours il
vous échappera. Nous sommes tous et resterons
l'invincible résurrection. La vie n'est qu'apothéose.

Il y aura dans trois jours quarante ans que je

faisais inscrire, sur la tombe de mon père, le mot
de l'Evangile :

Non est hic. (Il n'est pas là.)

Pour moi, j'ai demandé dans mon testament —
et j'espère qu'il en sera tenu compte — qu'aucune
pierre ni monument d'aucun genre ne soit mis sur
ma fosse, et qu'absolument rien n'en indique la
place.

Je ne serai pas là.

La nature nous a préparé à tous un meilleur asile.
Elle nous ensevelit en elle-même, tombe et berceau
de toute vie.

Quand ceux qui nous auront aimés trouveront en
ce monde quelque chose de bon, ils seront dans la
vérité s'ils se disent : Il y a peut-être là-dedans un
peu de nos chers morts.

Qui n'aimerait à se répéter, en pensant à un ami
disparu : « C'est quelque chose de lui qui, dans cette
» fleur, me sourit, qui me refait le sang en ce grain
» de blé, me délecte et enivre en ce beau fruit,
» me rend la santé dans cette bonne plante médi-
» cinale. »

La tombe, comme on l'entend, me semble une
impiété; la nature ne connait pas la tombe, tout au
plus y voit-elle un buffet à ses marguerites...

Telles ont été, cette année, mes pensées du *vendredi saint*, en allant à Vascœuil.

∴

Mais, que parlé-je de tombes et de morts, alors
que partout on sent passer sur le monde un souffle
de renouveau?

XIV

Deux ou trois journaux recommencent doucement
à parler de la manifestation du 1ᵉʳ mai; ils en par-
leront tous dans un mois; mais si le mouvement
doit s'étendre, s'il doit prendre une importance encore imprévue à cette heure, ça ne paraît pas devoir
être le fait des organisateurs actuels. En cette fédération de tous les travailleurs du globe, combien
parmi les *chefs* ne voient et ne verront que le petit
groupe, la petite église, et de qui jamais l'intelligence et le cœur ne s'élargiront jusqu'à la conception d'une fraternité inexclusive!

∴

Qu'y a-t-il pour qu'en ce moment tout le monde
envoie à la France son sourire? Le Pape, les empe-
reurs de Russie et d'Allemagne, tous s'empressent
autour de nous... C'est un grand point, et qu'on

nous envie de nous voir en république et en paix depuis vingt ans.

Les rois sentent bien que les peuples nous sont sympathiques, que tout socialiste est à demi-Français, et les socialistes, où ne sont-ils pas aujourd'hui ? Quel monarque ne voit leur flot autour de lui s'étendre et monter ?

*
* *

L'empereur d'Allemagne nous faisait risette, il y a quelques jours; il nous montre aujourd'hui le poing.

* *
*

Le baron Double m'envoie son joli volume : *Cabinet d'un curieux*, avec une aimable lettre, où je vois qu'il me prend pour un bibliophile...

Je me suis trop complu à la lecture des livres vivants et vivifiants pour m'égarer jamais à la bibliophilie.

Tout enfant, j'aimais les livres comme j'aimais les fleurs, pour la vie, pour la belle vie qui s'y manifestait, pour l'élan et le réconfort que j'y puisais. Tous mes sous du dimanche s'en allaient tantôt aux plantes et tantôt aux bouquins, que je lisais perché comme un oiseau, et parmi les oiseaux, sur la branche d'un orme (j'ai raconté cela dans le *Magasin pittoresque*); mais ni les plantes, ni les livres, ne surent jamais me toucher par le seul fait de leur rareté. Une marguerite des champs, une fable de La Fontaine, une comédie de Molière, suffisaient à mon contentement.

***

Ah ! les belles révolutions rêvées par toi ces jours-ci, mon vieux philosophe ! Mais s'il est facile de faire des révolutions en rêve, au coin du feu, qu'il est difficile de les faire en réalité !

Il faut pourtant que les révolutions se fassent, et elles se feront ; on peut donc y rêver d'avance.

***

Voilà que le clergé, et ailleurs des gens avisés, se demandant si l'on ne pourrait pas faire de la République une très bonne machine à écraser toute révolution.

Et déjà de vilains yeux sont au guet.

***

Jules Simon raconte dans *le Temps* comment l'affaire des traités de commerce fut en 1860 mystérieusement préparée par Michel Chevallier. N'ayant mis pas une âme dans son secret, il dut très habilement décider Cobden à entrer en relations avec Napoléon III pour en obtenir un premier pas vers la liberté des échanges. La conspiration, car c'en était une, organisée tout à fait à l'insu des intéressés, filateurs, tisseurs, maîtres de forges, eut en janvier 1861 l'effet d'un coup de tonnerre...

Stupéfaction, indignation, cris...

L'histoire est bonne à ne pas oublier.

⁎

Une aimable dame (Mme R...) s'arrêtait à Rouen avant-hier, et hier, allant à Vascœuil, nous avait été recommandée. Elle voulut bien hier déjeuner avec nous, et nous l'avons promenée de curiosités en curiosités. Elle était ravie de Rouen et de ses monuments, de ses églises surtout et des vitraux de quelques-unes. Moi, sans la joie naïve de cette dame, je n'aurais éprouvé ce jour-là que colère contre cet *art fou* (mot de Préault dans la cathédrale, il y a quarante ans), art déséquilibré, art où la nature et la raison sont méconnues, outragées, art qui ne peut vivre qu'en une éternelle réparation, art dont nous mourons, alors que le vrai caractère de l'art est de susciter la vie...

Pendant que Mme R... admirait ingénument ces merveilles gothiques, si la chose eût pu ne dépendre que d'un simple désir je les lui aurais fait voir dans toute leur beauté, c'est-à-dire dans un écroulement général.

Le gothique n'est vraiment beau qu'en ruine.
C'est la moralité que, le 3 juillet dernier. nous rap-
portions de Jumiéges.

XV

Je lisais ce matin que l'Angleterre a réalisé dans
les Indes quelque chose d'extraordinaire : une
poignée de fonctionnaires lui suffit pour gouverner,
exploiter et tenir en respect 250 millions d'indigènes.

Une telle servitude n'est rendue possible que par
les divisions, les haines de race, de caste et de religion. Beau résultat des sentiments de patrie et de
religion !

Cependant, a-t-on jamais assez indiqué ce qui fit
la force des sentiments de patrie et de religion ?...
N'est-ce pas que patrie et religion demandaient aux
hommes la chose qui toujours les émeut, les soulève et les emporte : le sacrifice de soi ?

Le besoin le plus impérieux de l'âme humaine,
c'est d'aimer jusqu'au dévouement absolu.

Les hommes n'ont tout leur enthousiasme, toute
leur joie, que devant la mort affrontée.

— Ne pas avoir fait le sacrifice de soi-même, c'est
n'avoir pas trouvé sa vraie force.

Ce dernier alinéa explique ma propre nullité et le peu qu'aura été ma vie.

Mais revenons à l'Inde si terriblement exploitée par l'Angleterre. Je me rappelle avoir lu dans Jacquemont que la domination anglaise sur une si vaste et si misérable contrée est, malgré tout, un bienfait, vu l'état moral et social du pays.

Seulement, cette réflexion de Jacquemont remonte à soixante ans, et depuis soixante ans les exploiteurs anglais et autres semblent avoir mis le monde bien à bout de patience.

Des malheureux Indiens aux mineurs belges, il n'y aurait que la longueur du bras, s'ils se tendaient la main.

Ma pensée se reporte au congrès qui vient de se clore après de si sérieuses résolutions. Qu'ils ont été beaux et bien français, et bien internationaux, nos chers compatriotes, lorsqu'au banquet d'adieu un chant ayant commencé en l'honneur de Marceau, ils ont fait changer le programme du concert? Marceau fut un des plus purs, des plus généreux de nos soldats, — nous le fêterons dans nos fêtes nationales; — mais l'apothéose d'un vainqueur de l'Allemagne convenait-il dans une fête internationale où des Allemands siégeaient?

La France ne se retrouvera vraiment grande et puissante qu'en se faisant la plus internationale des nations. Son génie est là et là le sens de sa révolution adoptée par le monde entier.

Vous ne trouveriez pas sur la terre un opprimé qui ne sente cela.

Si mal venues soient-elles, ces notes me font voir et toucher du doigt l'enchevêtrement inextricable de l'individualité dans l'ensemble général des choses.

C'était à cet ensemble des choses que je croyais, en commençant, tenir mes observations et souvenirs quotidiens; mais l'histoire est devenue vite autobiographie, tant* je sentais l'autobiographie se fondre dans l'histoire.

Nous nous trouvons tous mêlés à une comédie qui, beaucoup plus que notre volonté personnelle, nous dirige et nous emporte.

Depuis combien d'années et depuis combien de siècles la comédie était-elle commencée au jour de notre naissance?

Nous ne faisons que traverser la pièce un instant... Que de rôles divers cependant on peut y avoir joués? Rôle de Chérubin, rôle de jeune premier, de raisonneur, de père noble, et puis le voilà Géronte ce Chérubin et ce Valère d'il y a soixante ans!

A quelle année, quel jour, quel moment, peut-on saisir son propre *moi* et dire : *Me voilà?* ce fut le souci de Montaigne qui, voulant chez les autres et chez lui-même saisir l'individu, le voyait incessam

ment lui échapper, toujours changeant, toujours
fuyant et s'écoutant.

« Je ne puis assurer mon objet, il va trouble et
» chancelant d'une ivresse naturelle ; je le prends en
» ce point comme il est en l'instant que je m'amuse
» à lui ; je ne peins pas l'être, je peins le paysage. »

Qui n'accepterait pourtant avec allégresse le beau
scepticisme de Montaigne en sa conclusion : « Ce
monde est un temple très saint. » II. 12.

Ces idées sont peu, très peu, conformes aux idées
aujourd'hui courantes ; mais ce qu'écrivait Montaigne était-il plus dans les idées courantes de son
temps ?

Arétin et Brantôme avaient bien autrement de
lecteurs chez Messieurs de la noblesse, de la robe et
de la soutane.

Encore aujourd'hui, que lit notre monde bourgeois ? Regardez aux vitrines des libraires, si vous
le pouvez, sans rougir.

Seulement, s'en tenir aujourd'hui aux ordures de
nos Arétins et de nos Brantômes, c'est de beaucoup
plus honteux que ce pouvait l'être à la fin du
XVIᵉ siècle.

XVI

Aux approches des révolutions, il semble se produire un phénomène étrange de physiologie sociale, auquel on n'a peut-être pas assez pris garde.

Les individus, cessant à ces heures d'être seulement eux-mêmes, n'agissent plus sous la seule influence de leur tempérament propre et de leur propre pensée. En eux, tout à coup, surgit quelque chose du tempérament de la foule, dont les plus suggestionnés, les plus *ensorcelés*, . deviennent les représentants généreux ou terribles ; suggestion exercée par la foule sur les individus.

Le cardinal de Retz n'a-t-il pas indiqué cela quelque part ?

On a dit de plusieurs hommes de la Révolution qu'ils n'avaient été que les instruments *inconscients* de la colère du peuple. Il n'est pas bien prouvé que quelques-uns n'aient été d'abord, dans leur vie propre, des hommes d'humeur pacifique.

Le père de M. Delzeuzes avait beaucoup connu le Marat d'avant la Révolution. C'était, selon lui, un homme aimable et doux.

La même observation a été faite à propos de Robespierre, qui semblait ne s'être nourri que de berquinades avant de s'enflammer à la lecture de Jean-Jacques.

Un portrait antérieur à la Révolution le représente un œillet à la boutonnière, avec une devise toute florianesque.

Ce détail me fut autrefois donné par Michelet.

*
**

Je lisais hier le volume nouveau de la correspondance Flaubert (3ᵉ série), volume, à mon avis, supérieur aux précédents. J'avais, d'ailleurs, plaisir à me retrouver sur plusieurs points en conformité de sentiments et de pensées avec ce gros tapageur pour qui, dans les dernières années de sa vie, j'avais éprouvé plus de sympathie qu'à mes premières impressions de 1855-1856.

Je constatai notre communauté d'idées d'abord sur l'éducation que l'on devait développer par en haut plutôt que par en bas; les classes dirigeantes avaient à compléter, à relever leur propre enseignement, à ne pas « se mettre la tête au-dessous du ventre »; elles n'avaient le droit de toucher à l'instruction populaire qu'après s'être elles-mêmes instruites.

Mais il fut décidé sous le second Empire que l'enseignement supérieur serait rabaissé... Et l'on a continué de suivre ce système en pleine République.

Un autre point me rapprochait de Flaubert : son dégoût de M. Thiers.

Je concordais encore avec lui pour son regret de ne pas voir notre littérature et notre philosophie au xixᵉ siècle suivre la large voie ouverte par Voltaire;

je partageais ses sévérités à l'endroit de Jean-Jacques ;
j'aimais également ce qu'il dit de l'insuffisance des
socialistes actuels empêtrés de moyen-âge, de scolastique, de théologie...

*
* *

Si j'étais plus jeune, j'aimerais à me faire une
histoire de tout ce que les conservateurs ont conservé depuis soixante ans ; mais ne vaut-il pas mieux
à mon âge retourner à ses petites affaires personnelles, à ses souvenirs propres, à ce qu'on a pu
recueillir sur les siens et sur soi-même ?

Paul, dernièrement, me demandait de lui donner
quelques notes sur nos ascendants paternels et maternels. Ce que j'en sais ne remonte pas haut.

De nos grands-pères paternels et maternels, j'ai
consigné dans *la Campagne* tout ce que j'en ai pu
apprendre. J'ai cité, sans y changer une syllabe,
leurs contrats de mariage. J'en ai usé avec la même
exactitude pour *le bail de mon grand-père* Jacques
Doury. Je ne vois de ce côté-là que cultivateurs,
petits propriétaires au Tot. Mon père, fils et petit-fils
de bouchers cauchois (je l'ai dit dans *la Campagne*),
était venu s'établir à Rouen, en juillet 1809, n'ayant
alors que vingt-trois ans ; il y exerça d'abord la profession de tisserand, puis celle de petit fabricant de
rouenneries. Conscrit de 1806, il avait été réformé

« pour cause de difformité du doigt indicateur de la main droite ».

Il épousa Céleste Doury, ma mère, le 21 août 1813. La connaissance s'était faite de façon bien simple : ma mère apportait à la ville, dans le quartier cauchois, le lait de la ferme paternelle située sur les hauteurs de Bondeville. Mon père habitait alors dans ce quartier-là et lui achetait tous les matins un sou de lait. En quelques mois, tout fut conclu.

Ma femme, Marie-Félicité Maromme, née au Bosc-le-Hard, le 19 septembre 1830, est fille de Thomas-Baptiste-Louis Maromme, bas-d'estamier, né à Pavilly, fils de Constant Maromme, aussi bas-d'estamier. Thomas Maromme épousait en 1830, au Bosc-le-Hard, Marie-Magdeleine Gaillon, domestique, fille de Nicolas Gaillon, bûcheron. Elle était née aux Innocents (près de Bellencontre) le 2 juin 1808 ; c'est elle qui devint « maman Maromme », et que nous avions encore avec nous au mois d'avril de l'année dernière.

Voici quelques-unes des paroles que je lus sur sa tombe :

« ... L'exemple d'une longue vie laborieuse, » aimante et désintéressée, c'est ce que l'on peut » laisser de meilleur sur la terre.

» Maman Maromme, pour ce précieux résultat,

» n'a rien épargné; elle a travaillé dès l'âge de
» dix ans; à quatre-vingt-un ans, elle travaillait
» encore, et je demande si quelqu'un d'entre vous
» l'a jamais entendue se plaindre. Il y a deux jours,
» elle nous souriait encore. »

Cette liste d'aïeux ne constitue pas à ma famille
une noblesse bien extraordinaire.

Je pourrais affirmer, cependant, n'avoir entrevu
dans toute cette ascendance qu'une série de braves
cœurs, gens laborieux, exacts, sûr et contents d'eux.

XVII

Du côté Doury, on était, je crois, un peu criard
et acariâtre (j'en retrouve en moi encore quelque
chose); mais l'influence Doury fut tempérée dans
notre sang par le calme parfait, la bonté courageuse
et superbe de Marianne Thirel. Marianne Thirel,
ma grand'mère, je ne l'ai pas connue, mais tout le
Tot était encore plein de son souvenir lorsque nous
y allâmes habiter en 1842. Il fallait entendre parler
d'elle par *catin seneur*, la mère Pelletier.

J'avais eu aussi le témoignage de mon oncle Buron, qui avait épousé Marguerite Thirel, sœur de
Marianne. J'avais le témoignage de ma mère, de
mes tantes... La façon dont elle s'était préparée à

défendre ses filles contre la bande de Duramé était dans la famille à l'état de légende.

Je n'ai pas connu ma grand'mère Marianne, mais j'ai connu Marguerite, sa sœur; j'ai connu Jacques Doury, mon grand-père, que je vois encore, vêtu d'un carrick à trente-six collets, se chauffer à notre poêle de la rue Saint-Hilaire.

Je n'ai pas connu le grand-père Noel, mort l'année de ma naissance (1816), mais j'ai connu Catherine Leborgne, sa femme, ma grand'mère, une toute petite bonne femme, un peu courbée, mais alerte encore à quatre-vingt-quatre ans, après avoir gaillardement mis au monde et très honnêtement élevé dix filles et deux garçons.

Du côté de ma femme, je ne remonte pas plus haut que sa grand'mère, née Véronique Petit, un vrai type de paysanne dix-huitième siècle.

On ne sait plus combien nos vieux paysans avaient su, malgré tout, conserver l'indépendance d'esprit et de parole (entre eux, du moins), et sachant y mêler bon sens et bon cœur.

Deux ou trois mille articles qu'en un demi-siècle j'ai disséminés dans quarante journaux ne seront jamais relus par personne; je ne les relirai pas moi-même; mais qui aurait la patience d'y jeter les yeux reconnaîtrait certainement que le peu qu'ils peuvent avoir d'originalité doit être attribué au souvenir de tout cet entourage de famille.

⁂

De tous les journaux auxquels j'ai collaboré, aucun ne m'a laissé de plus chers souvenirs que *le Magasin pittoresque.*

Aussi est-ce avec un vrai plaisir que j'en ai conservé les traces.

Le 30 décembre 1868, M. Charton m'écrivait :

Versailles, 31, rue Saint-Martin,
30 décembre 1868.

Monsieur,

J'ai pensé souvent à vous. J'ai été tenté bien des fois de vous écrire, de vous exprimer ma sympathie pour vos travaux et d'oser vous demander de m'aider dans mon humble tâche de maître d'école (qu'est-ce autre chose, ce pauvre *Magasin*, qu'une école ?)...

Cette proposition était un honneur ; c'était une petite augmentation de ressources. Nous étions alors en grande pauvreté. Mon traitement de journaliste à Rouen n'était, par an, que de 1,800 francs, et nous devions avec cela vivre et faire figure à cinq.

Je m'empressai d'accepter. Plus les hommes ont de valeur morale, plus les rapports avec eux sont excellents et féconds ; je l'ai éprouvé avec M. Charton, et plus tard avec M. Littré.

6

Après dix ans de bons rapports et de collaboration suivie, en 1879, je dus certainement à M. Charton d'être nommé bibliothécaire. Ses recommandations spontanées et pressantes auprès de M. Barabé, alors maire de Rouen, et qu'il rencontra dans une ville d'eaux, préparèrent, à mon insu, ce résultat.

Quelques années après l'entrée en relations avec M. Charton, M. Littré, qui dirigeait *la Revue de philosophie positive*, où je publiai *les Mémoires d'un imbécile*, en écrivit la préface.

Mes bons rapports avec ces hommes excellents ont duré jusqu'à la fin de leur vie.

Je garde bon souvenir aussi du *Journal de la ferme* (Joigneaux) ; de *la Vie à la campagne* (dirigée par G. de Cherville) ; de l'*Opinion nationale*, où parut, après les *Lettres rustiques*, la *Lettre sur les colonniers* (1863), qui fit saisir le journal.

Bon souvenir aussi de l'*Evénement*, dirigé par Vacquerie et Paul Meurice, où je publiai le *Molière* en feuilleton, et où Dumesnil publia son *Bernard Palissy*.

XVIII

Ces réminiscences littéraires et philosophiques me rendent quelque peu honteux en me faisant toucher du doigt ma vieille et sotte sauvagerie, car je restai caché au Tot jusqu'à l'âge de quarante-quatre ans.

Ne connaissant personne, inconnu, seul, tranquille, ma voix humble, à l'écart, modulait des concerts.

Dans mes rares (trop rares) apparitions à Paris, toutes relations nouvelles étaient écartées, même les plus illustres. Je refusai d'accompagner Michelet et Dumesnil chez Hugo et chez Lamartine, non pas par irrévérence, certes, mais par un pressentiment du rôle ridicule qu'il me faudrait jouer auprès de ces *dieux*, trop flamboyants pour mes petits yeux. Je me contentai de Béranger, plus simple et plus abordable, plus à ma portée. J'avais une perception très nette de mon insuffisance, de mon ignorance, et aussi de mon inguérissable timidité, ce qui me faisait croire ma présence impossible en de tels milieux.

Vu ma pauvre et infime complexion, ça n'était peut-être pas si déraisonnable. Je me le disais ces jours-ci, en lisant la correspondance de Flaubert ; j'eusse été dans ce monde écrasé à n'en jamais revenir. La plupart de ceux qui en faisaient partie avaient su, par le travail et par l'étude, centupler leurs forces natives ; ils avaient fortifié même leurs idées fausses ; dans mon état inculte, leurs grands airs m'eussent, du premier coup, anéanti... Je fis bien de demeurer au gîte.

J'avoue que, d'ailleurs, ces jours derniers, une grande pitié me prenait de Flaubert, en le voyant,

lui, si malade, si névrosé, quitter sa solitude de
Croisset pour aller de temps en temps se détra-
quer dans le monde fou et faux de nos lettrés
contemporains. Il s'y enfonça, dans son amour insensé
du style, jusqu'à en devenir maniaque. Et George
Sand plus d'une fois le lui reprocha.

Flaubert fut de ceux qui croient que les mots pa-
tiemment arrangés suffisent au style. Le style n'a-t-
il pas plutôt sa source dans une émotion sincère ? *Mo-
tus animi continuus ?* C'est un mot de Cicéron que
rappelait quelquefois Michelet... Et voilà comment,
lui, ce brave Flaubert, de tempérament si large, si
ouvert, si plein d'inspirations généreuses, il en était
venu à ces étroitesses artistiques.

Ses admirations pour des médiocrités, son inintel-
ligence d'hommes tels que Proudhon, — même en
ne considérant celui-ci que comme écrivain — son
dédain des sciences positives, ses yeux fermés à tant
de grandeur, sa méconnaissance native et bourgeoise
de la valeur, de la moralité des simples, regardés
par lui des hauteurs de son lyrisme, ses compromis-
sions catholiques, impérialistes, etc., le *fla-fla* funam-
bulesque, l'orgueil introduit comme un corps étranger dans son âme candide et loyale, voilà ce que lui
valurent ses hantises avec la gent littéraire.

Il n'y trouva que trop le châtiment. Ses colères
d'enfant contre le *chansonnier populaire* font sourire.

Il est certainement permis de ne pas faire un dieu de Béranger, et l'on ne pourrait, sans ridicule, prolonger aujourd'hui les éloges excessifs que partout on répétait il y a cinquante ans.

Mais ne doit-on pas, tout au moins, reconnaître qu'il fut un poète parfois très heureusement inspiré? Ne pas oublier, surtout aujourd'hui, les chansons de *Jacques*, de *Jeanne la Rousse*, du *Vieux vagabond*.

Alfred de Musset, un jour qu'on dépréciait le chansonnier devant lui, se mit à réciter quelques-uns de ses couplets, celui-ci entre autres :

> En vain faut-il qu'on me traduise Homère,
> Oui, je fus grec, Pythagore a raison.
> Sous Périclès, j'eus Athènes pour mère,
> Je visitai Socrate en sa prison.
> De Phidias j'encensai les merveilles,
> De l'Illinus j'ai vu les bords fleuris.
> J'ai sur l'Hymette éveillé les abeilles.

. . . .

—· Je donnerais, s'écria Musset, un doigt de 'ma main pour avoir fait ce vers-là.

Il y eut d'ailleurs en Béranger un côté que ne connut pas Flaubert; il y eut le causeur judicieux, amusant, réconfortant, et, par-dessus tout, l'homme de sens pratique. Sa réputation de poète faite (et si l'on veut surfaite), l'homme put, durant un quart de siècle, soutenir son extraordinaire popularité par le charme de ses entretiens, par ses souvenirs et ses conseils.

Personne n'avair observé plus malicieusement et plus humainement tout le personnel politique et littéraire de 1820 à 1850.

XIX

Je voudrais ne pas oublier deux bonheurs goûtés ces jours-ci; le premier, venu de quelques morceaux de *la Flûte enchantée*.

Cette musique atteint aux plus lointains horizons de l'âme : vie et mort, tristesse, amertume, espoir, confiance infinie.

L'autre plaisir fut, au Laboratoire, une lettre de quelques pages admirablement adaptées au lieu d'abord et à ma disposition d'esprit dans ce sanctuaire entomologique.

Le temps était superbe, le jardin splendide, l'air chaud et pur, grands arbres frissonnants, verdoyants, quelques-uns en fleurs. Dans les plates-bandes, tous les sourires de la germination.

J'avais pris le premier volume des *Mémoires de Réaumur*, mémoires lus au Tot, il y a cinquante-trois ans, avec tant de passion (1848), que les Journées de juin, les abominables Journées de juin, passèrent inaperçues pour moi, plongé que j'étais dans cette œuvre immense. Je retrouvai, page 10 du *premier Mémoire*, le mot si vrai, mais que si peu d'oreilles ont su entendre :

« Il ne se trouve nulle part autant de merveilleux, et de merveilleux vrai, que dans l'histoire des insectes. »

Je fermai le livre, songeant aux transformations, au renouvellement que ces belles et fécondes études du XVIIIᵉ siècle auraient pu produire dans la nature et les arts au XIXᵉ siècle. L'Allemagne en éprouve par Gœthe un premier tressaillement. Mais, en France, le siècle avait eu, dès le début, son arrêt de développement par l'Empire, par la Restauration.

Bien entendu que personne ne put comprendre, en 1830, l'importance attribuée par Gœthe au débat scientifique survenu entre Etienne Geffroy-Saint-Hilaire et Cuvier.

L'applaudissement, fut, en France, pour Cuvier. Ce dut être une des grandes déceptions de la vieillesse de Gœthe, plus français que la France à ce moment-là.

Il semble que, de cette révolution scientifique commencée au XVIIIᵉ siècle, devait naître une littérature, une philosophie et même une politique qui eussent été la splendeur du monde.

Ce fut, au contraire, la restauration des vieilleries, des folies maladives d'une société épuisée. Pathologie littéraire, philosophique et sociale qui s'est, durant tout le cours du siècle, développée au point qu'à l'heure présente on en a la nausée.

Je redescendais du laboratoire avec tout un cours de littérature dans la tête : il s'agissait d'établir qu'il y a chez nous, de deux en deux siècles, cette alternance non encore signalée.

XVIe. — Grande littérature, grand siècle artistique et philosophique. Elan universel !

XVIIe. — Petite littérature. Littérature d'école et d'écoliers, où pourtant se laissent prendre des hommes de grand talent. Seuls Molière et La Fontaine échappent. Quelques autres, Saint-Evremont, Bernier, Hénault, renoncent aux lettres, ou même quittent la France.

XVIIIe. — Grande littérature, grande philosophie. Grande action.

XIXe. — Rechute en littérature mesquine n'ayant plus d'autre objet que la forme, la phrase, le mot, etc.

Les développements de ce nouveau cours m'enchantaient... Je marchais à grands pas, lançant du pied les cailloux comme si ces malheureux cailloux avaient été gens de lettres. Je triomphais en me reconstituant pour le xxe siècle une grande littérature

mêlée à la vie, à l'action, ressuscitant et dirigeant le
monde.

*
* *

> Je l'ai planté, je l'ai vu naître,
> Ce beau rosier...

Ecoutant au piano chanter cette romance, je sens
se réveiller mes sympathies d'autrefois pour Jean-
Jacques. Il y a quelques semaines, au contraire,
Flaubert me remettait par ses cris en désaccord avec
le philosophe. J'ai dit quelque part de Jean-Jacques :
« Pauvre âme qu'ébranlait un air de cornemuse... » ;
mais ce mot est vrai de moi autant que de Jean-
Jacques. Cet air si simple : *Je l'ai planté...* me fait
subitement changer d'opinion sur son compte. S'il a
été, sur nombre de points un sophiste déclamateur,
sur combien d'autres lui sont échappés des cris venus
des profondeurs de son être ! et que de chants délicieux dans sa prose !

Rousseau nous serait aujourd'hui plus sympathique
s'il n'avait pas fait école (école politique) et s'il
n'avait pas eu ses disciples pour l'amoindrir et faire
oublier ce qu'il eut en lui d'humain.

Auteur du *Contrat social*, des *Lettres de la montagne*,
il nous apparaît à travers l'étroitesse des sectaires ;
mais si l'on s'en tient à lui seul, en ses heures ins-
pirées, quel élan vrai, passionné, bienfaisant !

L'opposition d'effet produit par ses disciples et par Rousseau lui-même me frappa, en 1878, à la céré= monie du *centenaire*, à Paris.

Il s'en fallut de peu que l'éloge de Jean-Jacques, prononcé par Louis Blanc, ne me le rendit presque odieux.

Mais *le Devin du village*, que chantèrent aux applaudissements de l'immense auditoire quelques artistes de l'Opéra-Comique, me remit dans le vrai, et je fus attendri comme au temps où, dans le bois du Tot, je le lisais ému jusqu'aux larmes.

Il y avait en ce rhéteur une âme enchantée et enchanteresse.

Le Devin du village, la romance du *Rosier*, n'est musicalement que quelques notes, mais notes d'une mélancolie inoubliable, comme certains petits chants d'oiseau, entendus au réveil.

XX

Une petite fille avisée, quoique timide et discrète, allait sur les coteaux de son pays, le long des bois solitaires, garder les vaches de son père, quelquefois avec ses sœurs et son frère, d'autres fois seule, ce qui lui plaisait mieux, parce qu'alors elle pouvait à son aise écouter le chant des oiseaux. Le chant des oiseaux était sa passion ; aussi était-elle arrivée à les imiter dans la perfection.

Vingt ans plus tard, cette fillette devenue mère apaisait les plaintes d'un petit garçon malingre et criard, en lui sifflant doucement des airs de linotte et de chardonneret. Le petit garçon, c'était moi, et je ne saurais dire quel plaisir j'éprouvais à cette imitation des oiseaux. Je pris en goût, peut-être à cause de cela, les instruments de musique les plus primitifs et les plus simples.

Le tailleur Bertrand, qui avait été mon premier maître de littérature (j'ai raconté cela dans le *Magasin pittoresque*), fut aussi mon premier maître de musique. Il jouait très bien du flageolet, et c'est par lui que, pour la première fois, je connus les petits airs de Rousseau. Il me joua et me chantonna tout entier *le Devin du village*. Il me semblait entendre encore les oiseaux au printemps.

Ceci me rappelle une anecdote bien plus rapprochée. C'était en 1878, peu de temps après le voyage à Paris où Paul et moi nous avions assisté au centenaire de Jean-Jacques.

L'ancien professeur de Paul dînait avec nous et je parlai du plaisir que m'avait causé *le Devin*.

— Ah ! *le Devin du village*, que c'est joli, monsieur Noel !

Et voilà que d'une voix fort juste, malgré les
chevrotements de la soixantaine, il se met à chanter :

> J'ai perdu tout mon bonheur,
> J'ai perdu mon serviteur,
> Colin me délaisse !...

Puis s'interrompant tout à coup :

— Ah ! mon Dieu ! je n'avais jamais chanté depuis
la mort de ma femme !

Et, malgré son envie de pleurer, il s'efforça de
rire avec nous, qui, volontiers, eussions pleuré
comme lui.

Les souvenirs, chez les vieux, s'enchaînent sans
fin les uns aux autres. Le chant des oiseaux, imité
par ma mère, m'a rappelé le flageolet de Bertrand,
qui me rappelle la clarinette d'un musicien de la
garde nationale de Rouen.

Comme je m'étonnais que riche, ami de l'étude,
un peu poète, très porté au repos et au bien-être,
il se fût incorporé dans la musique militaire :

— C'est une question d'hygiène, me dit-il. Souf-
fler dans la clarinette agit sur le sphincter, ce qui
facilite la garde-robe :

« Je joue de la clarinette pour mieux ch... »

Au moins, celui-là ne faisait pas de l'art pour l'art.

Voilà une histoire qui eût fort amusé Flaubert et
qu'il n'eût pas manqué de raconter à tous les défen-

seurs de l'art utilitaire. Ce qui n'empêche que le grand art ne soit le grand éveilleur, le grand pousse à l'action.

*
* *

Dumesnil m'écrit, à propos du volume des *Lablche* : « Jamais vous n'avez mieux justifié l'appellation de *colibri* : c'est un enchantement pour la variété et la prestesse. Bon sens, bonne humeur et en avant! »

Quels jolis souvenirs me reviennent à cette appellation de *colibri*, reçue du docteur Delzeuzes au temps de nos souvenirs poétiques, il y a quarante ans!...

Il n'y avait pas seulement le *Colibri* dans la ménagerie poétique du docteur, il y avait le *Hibou* (c'était lui-même), il y avait le *Bombyx*, le *Loup*, la *Perdrix*, la *Fauvette*, et puis venait le *père Gloria* (J.-B. Gosselin, le facteur-poète de Malaunay).

Il y avait aussi le *Mauviard* (cousin Noel), que nous vimes mourir de phtisie à vingt-et-un ans, et qui, lui-même, étudiant en médecine, sentit si bien que le mal était sans remède. Je conserve quelques lignes de ses deux dernières lettres :

« Quoique je ne me fasse plus d'illusion sur ma » position, ta lettre m'a fait bien plaisir; il me » semble que tous ceux qui ont été très longtemps

» malades et qui ont guéri sont mes proches. Nous
» sommes frères par la souffrance. »

Dans la dernière, tout à fait mourant, il écrivait :

« J'ai envie de relire toute ma correspondance
avec toi ; voudrais-tu l'apporter ? »

. Quatre ou cinq jours plus tard, sans que je l'aie
revu, son enterrement, par sa volonté formellement
exprimée, fut le premier dans notre famille qui se
soit fait sans prêtre.   .   .

XXI

Explosion de grèves, les unes très justifiées, très
sérieuses et dignes de toute sympathie ; les autres
prématurées, sans raison et tout à fait ridicules.

Mais, quoique petitement conduit, au moins en
France, le mouvement en son ensemble n'en est pas
moins immense, universel, irrésistible ; cela dépasse
de beaucoup l'affranchissement des communes au
quatorzième siècle.

L'affranchissement actuel des travailleurs, affranchissement de la vie sur toute la surface du globe,
est un événement d'une autre portée en étendue, en
profondeur, en incalculables conséquences. Toute
institution, toute classe, toute individualité s'y sent
menacée.

**

Un chien féroce pour les chats passait sa vie à
leur faire une telle chasse qu'il trouvait moyen d'en
étrangler chaque jour au moins un. Ces assassinats
ne se faisaient pas sans de fréquentes et vives résistances. Un chat, dans un chantier, réfugié sous des
madriers, avait réussi à lui tenir tête quelques instants; mais la malheureuse bête, traquée et sur le
point d'être atteinte, poussa un miaulement terrible.
Quatorze chats aussitôt se ruèrent sur le brigand,
lui déchirèrent le nez, la gueule, les oreilles, lui
crevèrent un œil, le mordirent et le harcelèrent si
bien qu'il dut lâcher prise.

Un de ces quatorze chats, venu au secours du
camarade, était, au moment de l'appel, à dormir
dans un coin sous les yeux de ses maîtres, qui le
virent bondir et s'élancer.

Cet esprit de solidarité chez les chats doit avoir
été rarement constaté : aucun exemple, du moins,
n'en est arrivé à ma connaissance.

**

Au Laboratoire d'entomologie, je lisais dans
Réaumur ce qu'il dit de l'habileté de quelques insectes à se confectionner des habits. C'est en quoi
surtout se distinguent les teignes. Cette page du

grand observateur m'a singulièrement ému et revi-
vifié.

Que l'histoire naturelle est belle et féconde, ainsi
exposée avec simplicité et vérité !...

*
* *

Par disette ou par anémie cérébrale, il m'arrive de
suspendre la rédaction de ces notes. Je relis alors les
anciennes et j'y vois en pleine coïncidence l'infinie
variété de faits, d'impressions, émotions, réflexions,
qui peuvent composer une existence humaine.

Et pourtant, quelle vie moins tumultueuse, moins
agitée, moins remuante et plus stationnaire que la
mienne ! Nul voyage, nul roman ! Il est très pro-
bable qu'aucun de mes contemporains ne s'est mû
dans un plus petit espace. Si on mettait en vue
sur une carte géographique l'étroitesse du coin où je
me suis tenu, il n'y aurait qu'une exclamation de
moquerie méritée pour une existence ainsi immobi-
lisée.

C'est un peu à moi que je pensais lorsque j'écri-
vais, pour *le Magasin pittoresque*, l'*Histoire d'un
homme qui n'a jamais rien vu*.

Alors que tous prenaient si bien leur essor et par-
couraient d'ici, de là, de partout, la terre, les mers,
les espaces aériens ouverts enfin à notre curiosité,

moi, sottement et paresseusement, je m'immobilisais.

Eh bien! chose inattendue, cette vie si pauvre de mouvement et d'action n'en est pas moins révélatrice de la diversité sans arrêt et sans fin des évènements qui, d'un jour à l'autre, nous emportent, nous modifient, nous transforment...

XXII

Oh! je voudrais que quelqu'un eût le courage ou la possibilité de prendre chaque matin et chaque soir la photographie instantanée de son entourage et de lui-même.

Quelle preuve éclatante de notre *fluidité*, de notre perpétuelle et inévitable transformation!

Mais il y eut dans le passé une rage de tout immobiliser; la matière, on la voulait, on la voyait inerte, et Dieu lui-même, l'élu des êtres, était immuable.

Misérable reste-en-place, je ne voyais que mieux autour de moi ce mouvement des choses; plus je voyais tout marcher, plus je voyais avec le soleil s'éveiller tous les matins un nouvel univers.

∴

Dumesnil me confiait, il y a quelques jours, le

7

manuscrit de son volume des correspondants de Lamartine. J'en commençai toute de suite la lecture
et lui envoyai mon impression des premières années, et sans retard il m'écrivit :

      « Cher Confrère,

    » Nous causerons de votre lettre ; vous appréciez
parfaitement la raison du succès de Lamartine dans
la société d'alors. Vous dites très bien que de Maistre
fut un homme léger, paradoxal, un hâbleur ; je
vous le prouverai péremptoirement.

    » Quant à Chateaubriand, il est percé à jour
dans sa pose de rénovateur du christianisme. Sainte-
Beuve a été son *cerceris*. Chateaubriand n'a jamais
pardonné à Lamartine d'avoir été sincère, quand
lui-même l'était si peu. »

*
* *

Paul, hier, s'aperçut qu'une de ses ruches
d'abeilles françaises était en souffrance du côté de la
nourriture. Il fit acheter du miel qu'il mit à leur
disposition. Les mouches italiennes, leurs voisines,
crurent avoir droit à cette aubaine ; une lutte s'en-
suivit, lutte furibonde, acharnée, impitoyable. Les
italiennes, plus nombreuses, mieux nourries, plus
fortes, finirent par entrer victorieuses dans la ruche
française, tuèrent leurs rivales au nombre de plusieurs milliers.

Le combat, paraît-il, fut des plus curieux. Paul et ses préparateurs en étaient émerveillés.

.*.

La vie est un phénomène si grand, que la saisir en son ensemble ne nous est pas possible. Toute notre science ne va qu'à en limiter étroitement les horizons infinis en beauté, en profondeur.

Chacun leur donne pour cadre son petit système, ou, pour en atténuer l'éclat, s'applique à barbouiller en jaune, en vert, en bleu, même en noir, les verres de sa lunette.

.*.

Filer du coton à Rouen, filer des livres à Paris, c'est tout un. On file la science, on met l'histoire en petites bobines patriotiques dont les lycées sont les dévidoirs. On file la morale, on file finement la philosophie, on file tout, et de nos jours, ô merveille, on a réussi à réduire la main-d'œuvre. C'est parfait.

.*.

Vacances à Vascœuil, où nous trouvons, entre autres visiteurs, Ladislas Mickiewicz, venu pour y puiser dans nos archives des renseignements sur le professorat de son père au Collège de France. Il cherche et trouve de précieux renseignements pour la nouvelle biographie qu'il doit publier en trois volumes.

Je ne connaissais pas la première, publiée en 1888, et j'y vois avec plaisir plusieurs pages reproduites de *Michelet et ses enfants*.

Je suis étonné des détails sur cet étrange Towiauski dont les doctrines et les *miracles* indiqués il y a cinquante ans au Collège de France, par Adam Mickiewicz, produisirent sur son auditoire, en grande partie composé de Polonais, un enthousiasme si imprévu et si extraordinaire.

Les œuvres de Towiauski, publiées en deux volumes à Turin, en 1882, tirées à très petit nombre, sont conservées respectueusement par quelques disciples qui ne croient pas l'heure venue de les communiquer. Ladislas n'a pu obtenir cette faveur. On lui dit seulement que ces œuvres, réservées à de meilleurs temps, sont pleines de grandeur, d'inspiration prophétique.

Bonnes promenades et bonnes causeries avec Élie et Alfred. Je n'avais jamais aussi vivement éprouvé combien Vascœuil est un lieu doux et fort, selon le mot d'Elisée Reclus.

On est d'ailleurs toujours pris (et moi plus que personne) par la beauté du pays : cette fière et sé-

rieuse Andelle, les jolis ruisseaux, les sources surtout m'y attirent.

. . . . , ...

XXIII

Mon père nous contait que dans son enfance il
n'avait vu d'autre eau que l'eau des mares; il était
déjà grandet lorsqu'il vit, pour la première fois, une
rivière (le Dun probablement). Impression, émotion
inexprimables ! Il ne pouvait s'éloigner de cette belle
eau vivante et riante; il demandait d'où pouvait
venir tout cela, comme le sire de Joinville, grand
enfant, qui écrit devant le Nil débordé :

« Et l'on ne sait d'où peut venir cette eau, fors
que de la grâce de Dieu. »

L'explication est bonne, après tout; il y a de la
grâce en ce monde.

Cette impression de rivières et de sources se
retrouve chez tous les anciens peuples. C'est ce qui
contribua à me retenir aux « belles sources du
Tot » plus d'un quart de ma vie. Que d'heures
passées à voir jaillir l'eau au milieu des cailloux !

C'est encore un de mes plaisirs à Vascœuil, et ceci
m'explique comment, aux sources de Radepont, il y
a quelques jours, je me sentais tout rajeuni.

*
* *

Vieillir, c'est s'en aller de la vie par mille petites portes; c'est s'écouler comme l'eau qui rentre en terre, s'évapore au soleil, au vent...

*
* *

Dumesnil m'écrit :

« Voici le moment de tenir note chaque jour des évènements et des impressions plus importantes que les évènements... »

— Vous oubliez, mon compère, qu'à soixante-quinze ans les impressions perdent beaucoup de leur vivacité, que la machine à faire les réflexions se disloque et que la philosophie des vieux c'est le repos; les évènements mêmes, à cet âge, on ne les saisit qu'imparfaitement; il nous échappent en beaucoup de points essentiels.

*
* *

Manifestations antifrançaises et antipapales en Italie.

Nos évêques, avec leurs pèlerinages, sont cause qu'on nous prend, au-delà les monts, pour un peuple de papelards.

*
* *

En note d'un article signé Antoine Albala, et intitulé : « Le mal d'écrire » (*Nouvelle Revue,* 15 octobre), on lit ceci :

La Préfecture de la Seine a publié, il y a quelques jours, le lamentable tableau suivant sur les vacances présumées dans les services publics et sur les demandes pour les remplir :

Commis auxiliaires des bureaux.   4 places, 4,398 demandes.
Inspecteurs   42   —   1,847   —
Institutrices   54   —   7,139   —
Professeurs de dessin.   3   —   147   —
Préposés à l'Octroi. 165   —   2,773   —
Surveillants   1   —   1,338   —

C'est, pour 269 places en tout, 17,642 demandes.

Et si l'on avait le même tableau pour toute la France ?

Trop triste. Regardons ailleurs.

*
* *

Il existe au Soudan de petites rivières où l'eau ne coule que quatre mois de l'année ; elles sont à sec tout le reste du temps, et si bien à sec que quelques-unes servent de routes aux indigènes.

Ces rivières, qui manquent d'eau sept à huit mois chaque année, n'en sont pas moins très poissonneuses...

Où s'en vont les poissons pendant la saison sèche ?

Des curieux ont cherché ; ils ont trouvé ceci : en

creusant assez profondément là vase desséchée et durcie, on ne tarde pas à découvrir des boules en terre de la grosseur d'une carafe ordinaire. Ces boules assez solides, ouvrez-les, chacune contient un poisson enroulé. Au premier moment vous pouvez le croire mort, tant la catalepsie est complète, mais dégagez-le de sa boule avec précaution, mettez-le dans l'eau, le voilà qui s'éveille et se met à nager.

Une de ces boules avait été récemment envoyée à M. Noury, qui l'ouvrit aussitôt; le poisson, tiré de sa coque, se détendit doucement, ouvrit de grands yeux étonnés, puis jeté dans l'eau, reprit toute sa vitalité.

*
* *

Un des évènements du jour, qui certainement mérite qu'on s'y arrête, c'est la publication et le succès des *Mémoires du général de Marbot*.

Ce que j'en ai lu, il y a quelques mois, m'avait d'autant plus intéressé que j'y retrouvai l'émotion de tant de récits entendus autrefois et que faisaient partout, de 1820 à 1830, les héros encore vivants de ces épopées.

Oui, tous les maux, ils en avaient souffert, ou plutôt ils en avaient joui; ces maux avaient été des triomphes.

Heureux celui qui mourut dans ces fêtes! Les

évènements surhumains auxquels ils avaient participé couraient alors les rues, chantés non pas seulement par Béranger, mais par tous les chansonniers du temps.

Emile Debroux, dont on ne parle plus, et qui fut si populaire, avait trouvé à tous ces braves leur vrai refrain :

> Te souviens-tu, disait un capitaine
> Au vétéran qui mendiait son pain...

Celui qui « mendiait son pain » en 1820, ç'avait été un de ces héros homériques... Les yeux se mouillaient à ce final de la chanson de Debroux :

> Mais, si la mort planant sur ma chaumière
> Me rappelait au repos qui m'est dû,
> Tu fermeras doucement ma paupière
> En me disant : Soldat, te souviens-tu ?

*
* *

Par un temps admirable, sec et froid, je parcourais les journaux agricoles et m'étonnais (très à tort) de leur vide...

Toute la presse en est là. Partout des yeux fermés pour ne rien voir, des lèvres cousues pour ne rien dire.

Levallois a raison de chanter :

> Soyons plats
> Parlons bas,
> Et ne nous agitons pas,
> Voilà le salut des Etats !

XXIV

N'avons-nous pas tous en nous-mêmes notre cimetière, et n'est-ce pas là surtout que peuvent revivre, peu ou beaucoup, les chers aïeuls? Ils peuvent revivre même dans nos enfants.

Combien de fois j'ai retrouvé dans le sourire de Paul le sourire de mon père ?

Et chez mes filles, le sérieux de Georgette ne m'a-t-il pas souvent rappelé le sérieux de ma mère, tandis que les éclats de Camille m'électrisaient comme un écho de mes propres éclats.

Quand je n'y serai plus, il y aura là encore quelque chose de moi. N'allez pas, mes chers enfants, me chercher au cimetière ; cherchez en vous. Vous y retrouverez aussi votre mère pour le maintien, pour l'œil et la voix.

Et voit-on cela sans émotion : deux êtres qui vécurent l'un de l'autre rester ainsi vivants et unis dans leur descendance ?

*
* *

La Vie psychique des bêtes, par L. Büchner, et quelques autres plus récentes publications, m'avaient déjà donné beaucoup à réfléchir.

Sans doute, nous n'avons pas, nous n'aurons pas

de sitôt l'explication complète de la *Psyché animale*;
mais combien peu à peu l'idée s'en est élargie et
précisée !...

Par exemple, les physiciens avaient donné les
premières notions sur la lumière, la chaleur, le son...
Les biologistes font, à cette heure, intervenir Psyché
dans notre cerveau ; mais c'est pour cette fois une
Psyché sortie du rêve, une Psyché vivante et réelle.

Vibration, — mouvement de la matière cosmique,
qui, pour la matière organique, ne produit que son,
lumière et chaleur, — transmise à la plante, passe à
l'état psychique (grâce au cerveau) en arrivant aux
bêtes.

On pouvait dire - - et l'on a dit — que notre
cerveau nous crée la nature telle que nous la perce-
vons, la nature nous demandant ainsi une œuvre
de Psyché.

... Je repensais aux poissons des rivières sèches
du Soudan. Qui sait ce que leur *Psyché* leur fait
voir, entendre et concevoir dans leur boule ?

Sublimes roublardises de la nature, avec quelle
simplicité de moyens vous nous produisez cette
admirable illusion du *moi !*

Je sens se réveiller à ce mot ma propre *Psyché*,
laquelle doucement me remémore la petite brochure
de 1889 : *Moi*, sans trop me donner à rougir d'avoir

publié ces pages. Mais ont-elles été vraiment publiées ?

Publier, c'est livrer à la publicité.

Etait-ce la publicité, qu'une insertion dans la *Chronique moderne,* pauvre petite revue qui, elle-même, hélas ! vécut si peu ?

Etait-ce la publicité, qu'un tirage à part de vingt exemplaires, dont huit restent encore à cette heure dans un poudreux carton ?

Douze ont été donnés à des amis, sans qu'un journal ait été même avisé de l'existence de la pauvre plaquette. Albert Lambert, toutefois, l'a célébrée en vers dans une modeste feuille normande. Trois ou quatre bonnes lettres aussi me sont venues.

Edmond Thiaudière :

« Je vous dirai donc que dans votre *Moi* se trouve la meilleure philosophie, celle qui consiste à se laisser bercer par la grande Cybèle, comme un enfant par sa mère.

» Cette philosophie-là est-elle la mienne ? Hélas ! non, vous le savez bien ; mais c'est le cas de dire, avec le poète latin :

» *Meliora video pudroque,* etc., etc.

» Ce qui la produit d'ailleurs chez nous, c'est l'ondoyance même ; oui, la charmeresse ondoyance de votre pensée si humblement pieuse envers l'infini.

» Combien vous avez raison d'assurer que le mot

toujours est un rapetissement des choses ! Le mot ne
rapetisse pas seulement, il altère les choses. Il est une
source de désaccord entre les hommes qui ont inventé
les mots pour s'entendre, et qui ne s'entendent pas
justement parce qu'il y a des mots ; témoin le mot
Dieu. »

Ernest Chesneau :

« Je viens de passer quelques instants délicieux
à lire *Moi*, et cette joie, je me promets bien d'y
revenir. Je ne m'engage pas dans le fond de la question, j'admire même le sans-façon avec lequel vous
l'abordez, cette question du *moi* et du *non moi*, que
le génie d'un Hegel a su rendre terriblement abs-
surde ; vous, parrain, vous jonglez avec ces formidables haltères comme avec des pois chiches.

» Adorable candeur, vous passez d'une palpitation
d'aile comme une libellule à travers les toiles d'arai-
gnées que les philosophes redoublent et multiplient
depuis Platon autour de ce point d'interrogation :
Peut-on penser sans mots ? Pour vous, d'un trait de
plume vous coupez court à toute discussion à ce
sujet.

» Saviez-vous que le problème de l'identité de la
pensée et de la parole fît l'objet, en ce moment
même, d'une vive polémique parmi les philosophes
anglais ? Si vous lisez l'anglais, je vous signale l'article du duc d'Argyll, dans le numéro de décembre

1888 du *Contemporary Review*, et la réponse du professeur Max Muller. »

Albert Cim :

« Vous avez condensé dans votre plaquette toute la quintessence, la fine fleur de toute la philosophie humaine, et cette histoire de votre *Moi*, qui est celle de notre *Moi* à tous, mériterait d'être répandue à profusion, comme tout bon petit livre. C'est simple et subtil à la fois, gracieux et touchant, vrai, humain. Tous vos souvenirs d'enfant sont exquis ; il me semblait en vous lisant entendre un *Montaigne moderne*.

» Merci de m'avoir convié à goûter cette saine et vivifiante nourriture. »

*
* *

Ne pas croire que pour n'avoir rien noté ces derniers jours, je n'ai pris intérêt à rien.

Si j'essayais de le dire à quelqu'un, ce qui m'a intéressé, on ne le croirait pas ; mais, à moi-même, je puis bien en faire l'aveu.

' Je rapportais du Laboratoire, il y a trois semaines, une tige superbe de balsamine glanduleuse : 35 centimètres environ c'était sa longueur, très grosse, très lourde, richement colorée de vert, de rouge. J'admirais son beau creux, régulièrement et largement ouvert, sans cloisonnage aux nœuds.

« Mais, me disais-je, tout cela n'est que de l'eau
et va se déformer très vite en se desséchant. »

Je posai sur la cheminée de mon cabinet cette tige
dépouillée de feuillage : toutes sortes de transformations allaient donc se produire..... c'était donc ce
que je voulais voir, et ce que j'ai vu et suivi dans
le détail avec une véritable passion.

Quarante-huit heures ne s'étaient pas écoulées
que déjà des rides légères apparaissaient çà et là.
Diminution de poids, et puis vint la décoloration ;
le vert disparut d'abord ; le rouge près des nœuds
persista plus longtemps.

Je pus suivre également la diminution du volume,
le ratatinement des fibres ; je vis, jour par jour, se
rétrécir le canal intérieur..... Il a maintenant tout
à fait disparu.

La belle et rosoyante tige n'est plus qu'une sorte
de grosse paille informe, de couleur marron clair ;
mais la transformation n'est pas finie.

Voilà ce qui, toute cette fin de mois, m'a tenu
attentif.

Evidemment, personne ne croirait à cette sénilité
d'un genre assez rare et qui, peut-être, m'est parti-
culière. C'est le retour aux amusements de l'enfance.

Mais les miens étaient originaux : seul dans le
petit jardin de la rue Saint-Hilaire, je me délectais à
ce spectacle.

XXV

Une graine qui se gonfle en terre, qui germe et grandit, un limaçon nourri dans une bouteille et que je voyais grossir; moins que cela : un clou qui se rouillait dans un mur, des morceaux de bois qui noircissaient et pourrissaient à la pluie, des cailloux qui se couvraient de mousse, un peu d'eau s'évaporant au soleil, c'était passe-temps délicieux.

Rien donc ne restait hors d'action, tout s'agitait, s'évertuait au changement, à la métamorphose.....
Et je restais regardant, regardant toujours.....

Certains idiots, certains aliénés, n'ont-ils pas de ces contemplations? De très bonne heure ainsi j'appris à ne voir en toute la nature qu'agitation et vie.

Aussi combien j'eus d'incrédulité plus tard quand des professeurs, au collège, nous voulurent enseigner l'inertie de la matière!..... Quelques-uns d'entre eux, cependant, m'apprirent tant d'autres choses intéressantes, mieux fondées, que je pris plaisir à leurs leçons.

Mais le côté vraiment fécond de mon instruction, je le dus à la contemplation des plus petites choses. Nul besoin de courir le monde pour y trouver des merveilles.

Voilà comment la réminiscence des divertisse-

ments de l'enfant sont aujourd'hui la réjouissance
du vieillard.

Rabâchages, radotages, ramollissement, à la bonne
heure ! mais cela même est de la métamorphose et
de la vie ! On se sent aller doucement à sa pente.
Ce que fait sur ma cheminée la tige de balsamine,
je le fais, moi aussi ; c'est la loi universelle.

J'ai raconté sommairement dans la *Vie des Fleurs*
l'histoire de ce pois planté dans un pot que je trans-
portais partout avec moi, même auprès de mon lit,
pour ne rien perdre de ses comportements, non en
vue d'observations spéciales, comme l'a fait depuis
Darwin ; je ne voulais que me trouver partout des
compagnons de vie.

*
* *

Tant et tant à noter, tant et tant à faire de
réflexions depuis quelques jours, que forcément on
s'abstient.

En ce moment, scènes de mardi gras mêlées aux
plus lugubres tragédies.

Déchaînement risible des évêques contre la République opportuniste qui tremble et voudrait se cacher
à l'idée de se séparer de sa bonne amie l'Eglise.

Tant de couardise, tant d'ajournements à cette
séparation qu'à la fin, messieurs, la voix des évènements vous demandera, vous imposera quelque

8

chose de plus que la *séparation*. (Le mot sera devenu vieux jeu.)

∴

J'apprends aujourd'hui le nom du poisson venu du Soudan : c'est le Protoptère (*Protopterus annectens*).

M. Dumeril, qui l'a élevé au Jardin-des-Plantes, l'a aussi parfaitement décrit. (Voir Brehm.)

∴

Pris un très vif intérêt aux deux volumes de Tolstoï : *La liberté dans l'école* et *L'école de Yasnaïa Poliana*.

Beaucoup de choses ingénieuses, très neuves pour la Russie peut-être, mais pour nous renouvelées en partie de nos grands éducateurs Montaigne et Rabelais.

Le système de liberté dans l'école eut plusieurs tentatives en France au temps de la Révolution.

Il y eut depuis l'essai — trop entravé — de nos *écoles mutuelles*, de 1820 à 1825. C'était excellent ; je le sais, puisque tout enfant (à six ans) je m'y plus beaucoup, malgré mon horreur de l'école, qui fut telle que le jour où, pour la première fois, mon père devait m'y conduire, je m'attachai moi-même à une grosse table avec des cordes dont je m'étais ligoté tout le corps.

Nombre de choses fécondes dans les deux volumes
de Tolstoï porteront leurs fruits, mais à la condition
que cette réforme pédagogique ne se fera pas pour
nous replonger en pleine Bible.

⁂

Commencement d'année maussade, monotone en
apparence, mais au fond plein de tragédies.

Grèves sourdes à Berlin, à Rome, à Paris. Guy de
Maupassant en démence. Si bien équilibré! Un garçon qui me parut, cependant, il y a cinq ou six
ans, à la Bibliothèque, un peu sombre, pessimiste
et trop épouvanté de l'avenir. Mais n'était-ce pas
son propre avenir à lui-même dont tout son être
avait le pressentiment terrible, inquiétude et trouble
si bien exprimés aux premières pages du *Horla*,
écrites, je crois, vers cette époque.

—

Relu d'anciens carnets où sont recueillies les pensées et réflexions empruntées à toute espèce de lectures.

A ces pensées des autres s'entremêlent les miennes,
celles-ci par exemple :

—

Quel trésor de pouvoir rester dans un coin tout
seul, sans chimères!

Volupté des coups, volupté des pleurs! Une femme battue assemble ses commères : assises en cercle à l'écouter, toutes pleurent et partent de là pour aller se faire battre par leurs maris.

—

Heureux Chinois! ils avaient inventé la poudre et n'en savaient faire que des feux d'artifice!

—

Qu'est-ce que la volonté chez l'homme ? Est-ce une liberté ?

— Point de liberté en ce monde, tout est enchaîné à tout.

Le chef-d'œuvre est qu'on se sente libre.

*
**

L'Eglise est une institution internationale.

Les Maisons royales et princières ne sont pas autre chose. Pourquoi les peuples ne formeraient-ils pas, eux aussi, une grande internationalité ?

XXVI

En de certains temps, les hommes paraissent si méprisables, que si l'on était la Peste, on s'en donnerait à cœur joie de leur destruction.

*
**

Si, comme on l'assure, la volonté est en nous

une résultante de toutes les forces de notre organisme combinées avec les forces du monde, pourquoi
le résultat de la vie universelle ne s'appellerait-il
pas *volonté de l'univers*, et pourquoi, en cette volonté
supérieure, ne verrait-on pas Dieu ?

* *

La plainte des prophètes devient quelquefois chez
Isaïe, chez Ezéchiel, un hurlement de bête fauve, cri
de rage et malédiction.

Jérémie lui-même, qui paraît moins cru, moins
âcre, s'écrie, en parlant des Gentils, c'est-à-dire des
peuples étrangers à la juiverie :

> Tu les as plantés et ils ont pris racine; ils croissent et ils
> portent des fruits... Toi, Jéhovah... mène-les égorger comme
> des moutons, marque-les pour le jour de la tuerie... »

Cette haine juive, perpétuée dans les âges chré-
tiens, nous la retrouvons chez Dante, lorsqu'il
s'écrie :

> *O Signor mio, quando saro io lieto*
> *A veder la Vendetta !*

Chez Bossuet lorsqu'il applaudit plein de joie aux
massacres des protestants...

Ces impitoyables colères juives, sans apaisement,
sans pitié, sans raison, on les a retrouvées aux plus

sombres jours de notre histoire, et peut-être les re-
verra-t-on, tant cette bourgeoisie directrice et souveraine actuelle du monde peut attirer de sans-pitié
sur elle par son sans-pitié pour les malheureux
qu'elle écrase !

Rousseau avait remis cette étroitesse juive au
cœur de quelques sectaires, à l'heure où se préparait
une *Révolution réconciliatrice* que d'aveugles et cruelles
résistances rendirent exterminatrice.

.*.

N'en aurons-nous pas bientôt assez, de cette littérature fulgurante, de ces poésies à coup de tonnerre ?

Ces œuvres charlatanesques n'ont d'autre but que
d'arrêter tout net la réflexion, d'écraser la pensée
sous le miracle du seigneur poète.

Ces effets bibliques, contraires au bon sens, à la
raison, sont en opposition parfaite avec le génie
français, qui se compose essentiellement de simplicité
et de bonne foi.

.*.

— De quoi nous mourons ?

— De n'avoir pas su donner la fessée à toute
cette littérature, à toute cette poésie.

— Et que veux-tu que j'en fasse, de tes vers,

imbécile, s'ils ne peuvent que m'attrister, m'écœu-
rer, m'affoler, me désorienter? Garde ton poison,
quelle qu'en soit la saveur, amère ou mielleuse.

⁂

Mouvement ouvrier, agitations socialistes, crise,
métamorphose universelle..., croyances, mœurs,
conditions d'existence en voie de transformation,
cris de détresse, cris d'espérance..., lueurs à l'horizon (incendie ou soleil levant?), naïveté ouvrière,
hypocrisie bourgeoise, ébranlement, déchirement de
la conscience humaine, souffles de renouveau passent
comme un frisson sur le monde.

Mais combien les générations actuelles sont mal
préparées à ce qui pourrait être la fin de ce chaos.
Nouvelle alliance, fédération des peuples, jubilé
immense, pardon général, entrée d'ensemble dans
un nouvel ordre social...

XXVII

Visite de G. Pouchet, qui me fait grand plaisir.
Nous causons de son prochain voyage en Islande et
puis du volume *Labèche*, dont il a si bien parlé dans
le Siècle, et puis de l'ouvrage de Paul Regnard : *La
Vie dans les eaux.*

Cette visite me fit toute la soirée penser au fameux voyage de 1856, fait avec son père et avec lui en Suisse, dans la Forêt-Noire, en plein mois de janvier.

Je m'étonne de retrouver dans mes productions littéraires si peu de traces de ce voyage. Quelques bribes dans *Renaissance*, reproduites dans *Carlu*. C'est tout.

Ce voyage fut pourtant un grand évènement dans ma vie. C'est la seule fois que je sois sorti de France.

*
* *

Dumesnil m'engage à lire, et je lis, dans *la Revue scientifique*, un article sur les *Conditions sanitaires en France*. Cet article, signé Leduc, met en évidence ce que fut le Moyen-Age et ce que nous devons à l'Eglise : la puanţeur, la vermine, la peste, l'abrutissement.

L'Eglise détruit tout ressort moral, fait des monstres, nous déforme en crétins et dit hypocritement : *Voilà l'homme !*

Ah ! mensonge ! mensonge !

L'heure ne viendra-t-elle pas d'en finir ?

Le fond, le dessous des masses populaires, paraît sentir que cette heure est venue ; mais tout le dessus, perdu de science fausse, empoisonné par

ses pions, ses pionnes, ses beaux diseurs, troublé
d'esprit par une littérature imbécile, hésite, recule,
chancelle, balbutie, ne peut dire *oui* ni *non* et n'ose
se séparer de la peste.

Le Moyen-Age, l'Eglise ne nous ont-ils pas été
bénévolement dépeints sous des poétiques couleurs
et par Hugo et par Michelet (hélas!) qui crut, en
écrivant son troisième volume de l'*Histoire de France*
(saint Louis), trouver à l'Eglise son beau siècle ?

Les souvenirs populaires, qui sont toujours un do-
cument vrai, eussent pu le tenir en garde; mais il pré-
féra les chroniques, les parchemins, les vieux registres.

Malheureusement, parmi ces registres, il ne connut
pas celui de l'archevêque de Rouen, Eudes Rigaud,
ami et conseiller du vieux roi. Celui-là ne peut être
suspect. Après une visite attentive à tous les presby-
tères de son diocèse, il nous les décrit, et ce n'étaient
que lupanars, maisons de débauche, d'abominables
trafics, curés entourés de concubines, de bâtards,
d'ivrognes, de maris cherchant à se venger et qu'on
expédie au loin, de filles volées ou payées à leurs
mères.

XXVIII

Beaucoup sont désignés dans le latin de l'archevêque, comme celui-ci par exemple :

Notatus de ebriositate, vendit vinum suum et inebriat parrochinos moos.

« Il saoûle ses paroissiens. »

Et cet autre :

Frequentat tabernas et potat ad garsoit.

« Hante les cabarets, boit et s'emplit jusqu'au gavion : *ad grasoit.* »

Quant à leur science, beaucoup ne savent ni lire, ni chanter, incapables de dire leur messe, et ne la disant pas : *nec scit celebrare mirsam.*

C'est l'archevêque qui le constate. Aussi ne le voit-on guère à l'église : *non residet bene in ecclesia, vadit cum niso super pagnum ubi vult.* « Il va l'épervier sur le poing partout où il veut. »

Mais à Sainte-Austreberthe, Eudes Rigaud rencontre un bien joli ermite : *habet in heremo suo duas moniales secum :* « Deux nonnettes dans son ermitage. »

Toute cette histoire était écrite non pas seulement dans la mémoire de Rigaud, mais dans les entrailles de la France. Michelet eût pu l'y retrouver.

Plus tard, en effet, il soupçonna que là était la vraie chronique, la chronique vivante, et sut en tenir compte pour son histoire de la Révolution.

.˙.

L'article de M. Leduc, sur les *Conditions sanitaires de la France* me fait songer à quelques détails de l'histoire de Jeanne Darc, omis par tous les historiens : c'est que la pauvre fille avait des poux et sentait mauvais comme les religieuses qui, maintenant encore, empêchées par leurs statuts, ne se lavent jamais, source de puanteur et de contagion dans les hôpitaux ; l'hygiène seule suffirait à les en faire chasser.

Jeanne avait donc des poux, mais tous ses contemporains en avaient ! Tenue en malpropreté par l'Eglise (voir Leduc), l'Europe entière, jusqu'au delà du dix-septième siècle, fut une immense pouillerie. En mille ans, pas un bain !...

Et Sa Majesté très chrétienne Louis le Grand n'en prit jamais.

Dans les collèges, sous son règne, maîtres et disciples étaient mangés par la vermine. David Ferrand (*Muse normande*) fait dire à un écolier des jésuites, écrivant à sa famille :

> Je suis incommodey des poux et des punaises
> Mais j'endure chela, ce sont fleurs d'écolier.

L'épouillage mutuel était chez les jésuites l'amusette ordinaire, et puis, de l'un à l'autre, ils se faisaient de gentils échanges.

« Il n'a pas quatre poux qu'il ne m'en donne deux. » (David Ferrand.)

*
* *

A Londres, clubs radicaux, associations ouvrières, préparent pour le 1ᵉʳ mai une manifestation importante. La police permet d'élever douze tribunes dans Hyde Park.

*
* *

Journaux réactionnaires risiblement occupés à figer le sang de leur clientèle.

Menaces pour le 1ᵉʳ mai de cataclysmes inouïs, universels, sans espoir de trouver au monde un coin pour se cacher; émigration impossible ailleurs que dans la lune.

Les *bien-pensants* en concluent que toute l'attention doit se porter sur le péril social, et non sur le prétendu péril clérical, dont ils conseillent de ne plus parler.

Quant aux opportunistes, ils vont, à les entendre, sauver le monde, et ça irait tout seul, si les radicaux n'étaient là qui voudraient bien, eux aussi, avoir part au sauvetage.

*
* *

Repensant aux colères juives, je me répète qu'aucune nation n'a cultivé la haine comme la nation juive, devenue à la fin, par cela même, odieuse à tous les peuples.

Israël ne voulait que détruire la gentilité, c'est-à-dire le monde entier, par la guerre, par la trahison, par tous les impurs trafics.

La Bible cependant, leur haineuse Bible, est devenue livre universel d'enseignement et d'empoisonnement populaire. La Société biblique, il y a plusieurs années déjà, se vantait de l'avoir disséminée par toute la terre, imprimée en 169 langues, au nombre de 46,000,000 d'exemplaires.

Voilà une des œuvres les plus considérables et les plus récentes du protestantisme. Recul épouvantable. Le signal en fut donné en face même de notre belle Renaissance italienne et française par ces cerveaux étroits, Luther et Calvin.

Sans ce premier recul, aurait-on vu chez nous, au temps même de Voltaire et de Diderot, le Genevois Rousseau nous refouler jusque par delà le Nouveau Testament ?

Et qu'aurait été le Nouveau Testament, sinon une tentative d'adoucissement aux prophètes de malheur ?

XXIX

Plus tard, deux cents ans plus tard, Voltaire (grand cœur et clairvoyant esprit) trouvait encore devant

lui à déchirer et à flétrir le livre des vengeances in-
sensées. Elle était donc à reprendre, en l'élargissant,
l'œuvre de *Tolérance*.

Le protestantisme n'aurait-il pas été l'une des
grandes fautes et l'un des plus grands malheurs de
l'humanité ? Ou bien, ces sentiments de haine, d'in-
clémence éternelle (comme celle de Jéhovah) seraient-
ils l'apanage inséparable de notre triste espèce ? Cela
rangerait l'homme au-dessous de toute l'animalité.

Les lions, les tigres, les crocodiles ne pourraient
sans horreur entendre le chant de nos psaumes.

*
* *

Voici cependant les événements dont nous entre-
tiennent les journaux :

En Belgique, 200 ouvriers écrasés, brûlés dans
une mine ;

En Italie, le Gouvernement obéré passe pour faire
de la fausse monnaie ;

En Angleterre, 400,000 ouvriers mineurs en
grève, comme ils l'avaient promis.

En France, petits essais de dynamite en plein
Paris.

De plus en plus, préparatifs d'agitation universelle.

٭
٭٭

Malheureusement, te voilà bien vieux !

— Parce qu'on est vieux, tout n'est pas perdu ; la
vieillesse peut trouver à la vie sa part délicieuse et
même des plaisirs nouveaux : apaisement, calme,
sérénité, heures de pensée haute, clairvoyante et
pure.

٭
٭٭

On sent dans l'air, autour de soi, partout, comme
l'incubation immense d'un monde prêt à naître.

Je pense au vers de Virgile (IVe églogue) : *Magnus
ab integro...* annonçant un nouvel ordre de choses,
et qui, jadis, me faisait adresser à l'ami Eugène
Manchon de si étonnants commentaires.

C'était le temps où l'excellent garçon, étudiant en
droit à Paris, nous divertissait avec ses préludes au
Livre des peuples, projet de Code universel qui, dès
les premiers articles, devait prescrire le vœu de
chasteté et de célibat absolu ; il s'agissait de préparer sans violence, et par un sacrifice volontaire, la
fin d'un monde où la perversion avait tout envahi...

Hélas ! voilà — déjà — quatre ans que Manchon
mourait, avocat estimé, conseiller général et pauvre,
après épuisement de deux fortunes en services
rendus. Très loyal, mais très décousu en politique,

mêlant son catholicisme traditionnel et de famille à toutes les aspirations républicaines, socialistes et même anachistes. Enthousiaste de Delécluze, parlant avec éloge d'Elisée Reclus et le louant à propos du mariage libre, il sut mériter pourtant que l'ancien premier président de la Cour de Bourges, L. Boivin-Champeaux, notre camarade du Lycée de Rouen, écrivit, un peu après sa mort, dans une lettre à Dumesnil :

« C'est par les journaux que j'ai appris la mort de mon vieil ami de la Feuillie, Eugène Manchon. Le discours prononcé sur sa tombe, par le bâtonnier de l'Ordre, n'a fait que lui rendre justice. Son souvenir est celui d'une des figures les plus personnelles, les plus originales, les moins coulées dans le moule commun, que j'aie jamais connues. Une conviction était chez lui une forteresse ; rien ne pouvait l'en faire sortir, ni respect humain, ni discipline de parti, ni appréhension de conséquences.

XXX

Le meilleur des révolutions se fait sans la participation des révolutionnaires, souvent à leur insu.

Kropotkine en donne un exemple parfait dans l'histoire de ces intelligents et laborieux jardiniers qui, depuis trente ans, ont absolument révolutionné les arts de culture et par suite modifié les conditions de la propriété foncière.

Cette révolution sans révolutionnaires, je l'ai signalée cent fois dans les *Labèche ;* mais, dans nos provinces hébétées, à qui faire entendre une vérité un peu nouvelle ?

Tous ceux qui, de leur coin, l'ont essayé, n'ont rencontré qu'inattention, indifférence, oubli.

A Rouen, au commencement de ce siècle, Noël de la Morinière, Brémontier et, depuis eux, F.-A. Pouchet, nous en offrent une suffisante preuve.

Noël de la Morinière, ses écrits, ses travaux, ses recherches en histoire naturelle, sa monographie de l'éperlan, ses expéditions, ses voyages pour l'étude de la baleine, sa mort dans les mers glaciales.....
à tout cela l'oubli.....

Brémontier, ses observations si curieuses des dunes, sur le mouvement des flots, etc.; qui s'en souvient ? qui en parle ?

Les travaux de Pouchet sur l'ovulation et sur les générations spontanées (auxquelles on reviendra un jour sans même rappeler peut-être le nom du pauvre savant provincial), ses observations, ses expériences si nouvelles sur la membrane proligère, qui s'en souvient aujourd'hui ?

Mais le plus oublié de tous, n'est-ce pas Boutigny, d'Evreux, auquel pourtant on doit de si curieuses

9

observations et un si beau livre : *Etudes sur les corps à l'état sphéroïdal.*

J'en extrais ces lignes :

L'équilibre n'existe nulle part, ni dans le monde physique, ni dans le monde moral ; il tend partout à s'établir, mais tout lui résiste. L'équilibre, ce serait la mort, non pas la mort telle que nous la connaissons, mais la mort réelle, c'est-à-dire le repos absolu.

**

La mort est un acte essentiel de la vie.

En aucun de ses phénomènes la vie ne se montre plus énergique, plus puissante, plus souveraine.

La mort est une de ses plus hardies et de ses plus triomphantes métamorphoses.

Eh! vraiment, voudrais-tu, dans l'immense et remuante nature, voudrais-tu, petite vibration, petite étincelle, rester toute seule, pour toute l'éternité, même son, même lueur à jamais immuable ? C'est impossible, tout se modifiant sans cesse autour de toi, et toi-même n'étant, ne pouvant être qu'une concordance avec le tout.

Ce phénomène splendide de la mort n'est que la rentrée en communication intime avec l'âme infinie dont vous n'étiez qu'en apparence détachés.

Les religions du passé entretenaient, cultivaient dans nos cerveaux la peur de la mort. Le christia-

nisme au Moyen-Age a-t-il assez abusé du cimetière,
assez joué du squelette ? Certains cimetières (notamment celui de Saint-Maclou, à Rouen) n'offrent de
la mort qu'une mise en scène cyniquement bur-
lesque.

Mais on aura vu, de nos jours, la mort changer
de caractère. Lamennais, expirant, ne l'a-t-il pas
pressenti ?

« Ce sont les bons moments. »

*
* *

« ... J'espère toujours qu'il n'arrivera rien, parce
qu'on attend trop de choses... »

C'est un mot de Mme de Sévigné (4 juin 1675).

*
* *

François Leblanc, le vieux poète de Monville,
m'apportait il y a quelques jours la copie, que depuis longtemps je lui demandais pour la Bibliothèque,
de son volume manuscrit : *Monville en 1848.*

Je l'ai relu et me suis particulièrement intéressé
au procès de Caen; mais dès les premières pages, un
peu enfantines pourtant, j'étais heureux de retrouver exposés avec exactitude et bonne foi quelques-
uns des faits de cette époque déjà lointaine.

Quels échantillons de la bêtise bourgeoise, du néant de ces conservateurs de la Religion, de la Famille, de la Morale et de la Propriété.

F. Leblanc parle très bien de l'inoubliable 23 avril, jour de l'élection et jour de Pâques, où nous vîmes si gaiement l'église supprimer la grand'messe pour permettre aux électeurs d'aller voter au canton tous ensemble, et pour que les curés eux-mêmes n'y manquassent pas... Quelques-uns marchaient en tête, et la foule, en plusieurs endroits, prit l'aspect d'une procession.

Le temps était superbe et nous eûmes au Tot le très joli spectacle des sept cents électeurs de Monville se rendant à Clères, avec drapeaux et musique. Levallois, encore collégien, était justement à passer à la maison ses jours de vacances.

Nous allâmes, mon père et moi, voter, et l'on nous retint au scrutin, dont le dépouillement dura tout le soir, toute la nuit et toute la matinée.

Nous y restâmes sans broncher; c'est la seule nuit de ma vie passée sans interruption au travail.

Cette soirée, cette nuit, cette matinée employées au dépouillement d'un scrutin, du reste assez compliqué, auront été comme action le fait capital de ma carrière politique. J'ai donné depuis à la politique bien des pensées, peut-être bien des paroles vaines, mais jamais plus je ne m'y suis mêlé d'action, et je

doute que personne au monde s'en soit plus que moi
tenu à l'écart.

Depuis cette élection, depuis celle du premier Président de la République, où mon père et moi
votâmes pour Lamartine, je m'en suis toujours tenu
au bulletin blanc et même à l'abstention. Manque-
ment au devoir peut-être, mais dont un grand
dégoût fut le point de départ.

Nous avions pris très au sérieux, mon père et
moi, ce premier essai du suffrage universel. On
votait au scrutin de liste et l'on avait sur chaque bulletin dix-neuf noms à écrire. Après quinze jours de
recherches, de renseignements demandés à tous, nous
ne jugeâmes acceptables que onze des candidats portés sur les différentes listes.

Nous bornâmes notre vote à ces onze candidats
choisis avec tant de soin.

Joliment renseignés que nous étions! il se trouva
parmi ces onze un repris de justice. Ce candidat
obtint d'ailleurs la majorité et fut élu, pour se voir
immédiatement exclu de l'Assemblée.

Oh! quels cris poussés par les 600 honorables
quand ils apprirent (ô ciel!) qu'il y avait parmi eux
un voleur!

D'autres souvenirs me reviennent à la lecture du
manuscrit Leblanc : et le médecin Châtel, sur son
grand cheval, traversant au galop les villages effrayés!

et le petit père Chesneau, maire de Monville au plus fort de la crise, président du Club démocratique, si cocasse, si loquace et pourtant si bonhomme !

L'épisode m'était resté très présent des soldats appelés de Rouen au secours de Monville, qui se croyait en insurrection, et où tout le monde avait peur de tout le monde.

Heureusement les soldats, très gentils, ne tardèrent pas à rassurer les Monvillais, et particulièrement les Monvillaises.

Leblanc termine l'amusante histoire par un chapitre gaillardement intitulé :

Repopulation de Monville.

Bonne peinture de la bourgeoisie boutiquière en ces temps *manchonniens*.

C'est ici cependant l'occasion de ne pas oublier qu'Eugène Manchon, avec beaucoup de courage et de talent, défendit quelques-uns des accusés de Caen, et que son succès, qui fit sa réputation, le lança pour toujours dans la politique, sans qu'il y ait compromis jamais sa loyauté.

* *

Un article de Georges Pouchet : *La forme et la vie* (*Revue des Deux-Mondes*), m'a vivement intéressé.

Question des générations spontanées posée aujour-
d'hui autrement qu'au temps de son père.

G. Pouchet me disait, il y a quelques années, un
mot que je ne compris pas aussi clairement qu'aujourd'hui :

« La forme est héréditaire. »

D'où l'on conclut que des êtres nouveaux amenés
à la vie n'étant, par leur origine, héritiers de personne, ne peuvent ressembler à personne, et qu'ils
doivent commencer, comme a commencé toute vie,
par une sorte de protoplasme fluide et informe.

Ainsi, vieil ami Pouchet, dans ta tentative pas-
sionnée de créer des microzoaires, à formes déjà pré-
cises, tu n'apparaîtrais à l'avenir que comme un
continuateur attardé des Raymond Lulle, des Nicolas Flamel, des Paracelse; et, dès aujourd'hui nous
n'aurions à voir en toi que le dernier des alchi-
mistes !

Possible et très possible qu'à la formation des
moindres microbes, il faille la longue, l'infinie préparation ancestrale; mais il n'en reste pas moins aux
hétérogénistes futurs à reprendre, pour en continuer
l'étude, les phénomènes primordiaux que crut entre-
voir F.-A. Pouchet dans la membrane proligère,
sorte de placenta si étrange !

XXXIII

Je me suis expliqué, ces derniers temps, la moralité certainement supérieure des paysans d'autrefois
comparés à ceux d'aujourd'hui. La *Grande Révolution*, encore peu éloignée, avait, en rendant l'espérance aux humiliés de vingt siècles, relevé chez eux
le courage et la dignité. Ils se sentaient sur le point
de devenir hommes, au moins par leurs enfants;
cela leur en faisait prendre la bonne tenue.

Les deux règnes cafards de la Restauration avaient
peut-être un peu amoindri ces bons effets, mais l'espoir restait, et 1830 l'avait ravivé.

Pour détruire cette élévation de l'âme populaire,
il a fallu cinquante ans de bourgeoisisme, d'empoisonnement moral, de folie inoculée par un travail
écrasant, par l'alcool, par les livres d'église, etc.

Voilà pourquoi, ces heureux paysans de 1842, je
ne les retrouverais plus aujourd'hui et ne pourrais
plus les montrer à Michelet écrivant son livre : *Le
peuple*, comme je les lui montrais alors...

**
**

Paul a rencontré, à Troyes, des apiculteurs qui,
s'inspirant de la doctrine darwinienne, arrivent à
perfectionner en longueur la langue des abeilles.

Lu ces jour-ci, avec grand plaisir, le livre sur Lamennais, récemment publié par Spuller.

L'auteur des *Paroles d'un croyant*, autrefois réprouvé
par l'Eglise, se trouve avoir été, nous dit-on, le prophète du mouvement tenté par le pape actuel.

L'œuvre de Lamennais est finie et celle du pape
ne durera guère ; mais un puissant pamphlétaire
nous reste en Lamennais,

Combien haut il s'élève en religion au-dessus des
tentatives papales, et, comme écrivain, au-dessus de
tous nos artistes en style !... Ce que la conviction
ajoute au talent, nous en avons là un bel exemple...

C'est un de mes bons souvenirs d'avoir, au temps
de sa célébrité, vu chez lui plusieurs fois, avec Michelet et Dumesnil, cet austère et vaillant défenseur
d'une grande cause perdue.

Singularité très heureuse de ma chétive autobiographie d'y voir apparaître si naturellement et comme
d'elles-mêmes quelques-unes des plus éclatantes illus-
trations de ce temps !

Le mariage de Dumesnil avec Adèle Michelet commença ces relations auxquelles je n'eusse jamais essayé
d'atteindre.

Je connus aussi Edgar Quinet, Adam Mickiewicz, François Arago, Lamennais, Béranger, le docteur Serres, Dargaud, Ch. Alexandre, François Génin, Préault, l'acteur Samson, de la Comédie-Française, le peintre Couture, Paul Huet, Fauvety, Ch. Lemonnier, Eugène Pelletan, Deschanel, Armand Lévy, jusqu'au docteur Hahnemann, créateur de l'homœopathie, et jusqu'au trop célèbre bibliophile Libri, que je vis en visite chez Michelet, rue des Postes. Aussi je connus le jeune ménage de Gerando Teleki, et tout de suite commença cette amitié qui dure encore après cinquante ans avec les enfants et la veuve. Auguste de Gerando, malheureusement, fut emporté dès 1849, dans la lutte nationale des Hongrois contre l'Autriche.

Par son second mariage avec Louise Reclus, Dumesnil devait nous préparer d'autres relations également célèbres, ou plutôt, en ce temps-là, destinées à le devenir : Elie, Elisée Reclus, etc.

Combien de choses rendues pour moi plus faciles sans que, de ma personne, j'y fusse pour rien, ou du moins pour pas grand'chose.

XXXIV

En grandeur, en variété, en inattendu, combien la vie est supérieure à tout ce qu'on en pourrait

dire? je le comprends mieux chaque jour; de là, les
interruptions dans ces notes de moins en moins
quotidiennes.

*
* *

— Si la matière n'est pas infinie, où finit-elle?

— Mais si la matière est infinie, où placer Dieu?
où placer l'âme?

— Ni à côté, ni au-dessus, ni même en dessous;
mais quel malheur à cela, chers amis, si la matière
nous redonne plus et mieux que tant de petites ima-
ginations sur Dieu, sur l'âme?

Matière et vie nous rendront, nous ont déjà rendu
au-delà de ce que l'enfance philosophique du monde
avait rêvé ou pressenti.

L'éternité, l'ubiquité de vie, de puissance d'action
imaginées en Dieu, la Matière ne vous les rend-elle
pas? Matière autrefois si dédaignée, aujourd'hui si
glorieuse et destinée à le devenir toujours plus!

*
* *

Attachez-vous à la queue de la comète la plus
effrénée, laissez-vous emporter, allez, allez... Jamais
vous ne trouverez l'en-dehors de cette matière éternelle, infinie, conservatrice et transformatrice d'elle-
même, sensible de toutes les sensibilités, pensante

et voulante, souverainement, irrésistiblement voulante...

Eh quoi, ces phénomènes de la pensée et du vouloir ne sont-ils pas en vous ?... Pourquoi ne seraient-
ils qu'en vous ?

Est-il bien sûr que qui dit Matière ne dise pas
esprit, ne dise pas âme, univers, Dieu? Chaque jour,
au bout de vos télescopes, de vos microscopes et dans
vos creusets d'analyse, que voyez-vous s'épanouir,
sinon les splendeurs de la matière?

Les hypothèses ont pris fin. *Hypotheses non fingo*
(Newton), la matière divine se révèle en sa radieuse
et sublime réalité.

O Matière, « Voulez-le, ne le voulez pas, comme
dit Bossuet, l'éternité vous est assurée ». *Pulvis es...*
Poussière, mais poussière-âme et poussière-vie.

*
* *

« Que serait un Dieu qui n'agirait que du dehors,
qui du doigt ferait courir l'univers dans son orbite?
Il lui sied mieux de mouvoir le monde du dedans,
de s'enfermer dans la nature, pour que tout ce qui
vit, tout ce qui existe dans le monde sente toujours
présentes l'énergie divine, l'âme divine. »

(Gœthe, *Dieu et le Monde.*)

*
* *

S'il était possible d'en vouloir à quelqu'un pour ses opinions philosophiques, j'en voudrais à Descartes d'avoir repris et renouvelé cette dualité : Esprit, Matière, et d'avoir ainsi divisé le grand *Un*.

Mais, comment ne pas conserver le respect à ce grand homme pour la dignité de sa vie ?

D'ailleurs, parmi les vivants, la plus parfaite dignité morale qu'il m'ait été donné d'apprécier, n'était-ce pas un spiritualiste, un *âmiste*, un déiste ? et cet *âmiste*, quel ami ce fut! quel homme juste et bon !

Mais, en dignité morale, quelqu'un effacera-t-il jamais Spinoza, ce prétendu athée, l'une des âmes les plus religieuses qu'il y ait eues ?

*
* *

Un médecin du Havre prétend avoir guéri de verrues aux mains, par *suggestion*, un enfant de treize ans. Pour simulacre de traitement, un léger bassinage à l'eau bleue, avec appel suggestif chez l'enfant à la volonté de guérir.

Cette histoire me remet en mémoire un souvenir personnel.

Vers 1822, lorsque nous habitions encore la rue

Saint-Hilaire, c'est-à-dire n'ayant pas encore sept ans, une grosse verrue me poussa sur la main. Souvent je l'attrapais en jouant et demandais qu'on m'en débarrassât. La boulangère d'en face, une belle femme pleine de vie et dont les grands yeux noirs, sous un avenant bonnet de paysanne, semblaient lancer la flamme, me dit un jour :

— Attends, je vais te guérir !

Elle me prit la main, appliqua sur le bobo l'intérieur cotonneux d'une gousse de grosse fève, et comme c'était le soir, on me coucha. Le lendemain, au réveil, je trouvai la verrue dans le lit et ma main parfaitement intacte.

.*.

Dumesnil m'envoie quelques extraits des leçons de M. Metchnikof, chef de service à l'Institut Pasteur, sur la pathologie comparée de l'inflammation.

Je ne suis pas sûr d'avoir bien compris, n'ayant point assez les connaissances techniques; mais, compris ou non, le livre me paraît d'intérêt capital; je suis d'ailleurs de ceux qui aimeraient savoir notre organisme bien ordonné. L'aphorisme d'Hippocrate (est-il d'Hippocrate?), *natura medicatrix*, me restait présent devant cette lecture.

Grande joie. Je n'en dormais pas cette nuit — moi qui dors toujours si bien — à me persuader une fois de plus que toute matière, notamment toute matière animale, pense, délibère, etc., etc.

Non, toute intelligence chez l'animal ne se concentre pas au cerveau. Estomac, intestin, etc., n'ont-ils pas leur part d'intellect ? Oserait-on dire que la matrice, chez la femme, est dépourvue de clairvoyance pendant l'accouchement ?

Jusqu'en ses parties les moins nobles (si toutes ne sont pas nobles), avec quel art l'organisme sait rejeter tout corps étranger !

Descendons à la matière en apparence la plus inerte, mettons au feu un morceau de charbon de terre et voyons.

Patients atomes qui, depuis des centaines de mille ans, attendaient endormis dans ce charbon, les voilà qui, subitement éveillés, retrouvent les éléments amis, s'éclairent, s'échauffent, nous échauffent nous-mêmes dans la joie de leurs unions et mariages. Les voyez-vous s'embrasser, s'embraser, fondre l'un dans l'autre, se féconder, former de nouveaux corps ?

Ces joies de la matière n'est-ce pas notre vie ? Nous voulons être esprit; le sommes-nous plus que cette matière enflammée, radieuse ?

Combien nos sciences se sont stérilisées avec leur distinction d'esprit et de matière !...

*
* *

Depuis plusieurs jours, aux bonnes heures, le soleil brille comme en été. Dumesnil m'écrit qu'il en
profite pour de réconfortantes promenades et je me
rappelle avec délices mes courses d'autrefois, en
plein hiver, dans les bois du Tot, de Clères, de
Mont-Cauvaire, de Cordelleville et du Rombosc.

*
* *

Je suis à lire quelques chapitres du livre d'Armand
Perrier : *Les Colonies animales.*

Ce livre très intéressant quoique trop gros, réveille
je ne sais comment les rêveries de mon enfance,
lorsque, dans le petit jardin de la rue Saint-Hilaire,
je regardais si curieusement vivre les plantes et les
bêtes...

Toute mon existence n'a été que la prolongation
des rêveries d'alors, n'ayant jamais pu secouer les
habitudes cérébrales prises à cet âge de me livrer à
une sorte de demi-ivresse ; c'était le besoin sinon de
comprendre la vie, au moins de l'admirer, de l'ado-
rer. C'était comme une prière éternelle, non pas
prière de demande et de supplication, mais plutôt
action de grâce. Je sentais ou croyais sentir en ce

monde des éléments de bonté, de providence, et je remerciai...

Ainsi devait se passer ma vie.

Au Tot, où j'eus après la mort de mon père à diriger le moulin, l'état rêveur persista, s'édifia, se nourrissant des faits de nature observés dans les prés, dans les bois, au bord des ruisseaux. Jamais, cependant, je ne sus m'astreindre à scruter scientifiquement cette nature aimée. Aussi, en aucune partie des connaissances humaines n'ai-je rencontré chez personne une ignorance égale à la mienne.

Du côté des arts, même lacune; ni musique, ni dessin ; je n'ai même jamais su danser. Une incapacité étonnante en est résultée, mais aussi une très grande liberté de penser. En beaucoup de points, j'ai vu plus clair que de plus instruits.

De tous les enfants de ce temps, je dois avoir été seul à n'apprendre que par le fait lui-même la métamorphose des insectes, et non par la lecture ou les leçons d'un maître.

Elevant toutes sortes de bestioles (j'ai raconté cela dans *La vie des fleurs*), j'eus la stupéfaction de voir la chenille se changer en chrysalide, en papillon.

Le saisissement, l'émotion que j'en éprouvais ne sont pas encore complètement calmés; ces jours-ci je les retrouvais en lisant le petit livre de John Lub-

bock : *Métamorphoses des insectes*. Je les retrouvais à
la lecture du livre de Perrier : *Les colonies animales*.

.•.

Je voudrais dire l'influence de certaines heures vé-
cues sans aventures, sans évènements, qu'on puisse
avec quelque précision se rappeler à soi-même.

Par un beau jour d'été, parti du Tot la canne à
la main, j'allai par les bois d'Enceaumeville vers le
vallon solitaire et sauvage appelé *la Vallée de misère*.
Cette vallée de misère s'était, avec le temps, chan-
gée en un très joli sentier.

Je sortis du bois ; je m'assis sur le coteau en contemplation du paysage ; puis à l'ombre chaude de
grands coudriers, je m'étendis sur le dos, ayant au-
dessus de ma tête le léger feuillage, autour et tout
près de moi, sur moi, sous moi, fleurs et gazon par-
fumés. Les moucherons, les oiseaux et leurs chants
se mêlaient au concert des eaux et du vent. Haut-
bois, flûtes, flageolets, timbales, tout était chant,
tout était danse, tout était vie. On eût pu me croire
endormi : c'était au contraire éveil et vibration de
tout moi-même.

Et ce fut un de mes beaux jours. Je venais de
goûter à la richesse des gueux sortant de leur taudis
pour aller s'étendre au soleil.

*
* *

J'étais heureux dernièrement d'entendre Paul, à son cours de chimie, parler de l'unité de la Matière.

L'hypothèse des corps simples différents les uns des autres semble aujourd'hui devenue insuffisante.

La Matière nous apparaissant *une*, tout ce qu'elle produit de phénomènes physiques, chimiques, physiologiques, etc., etc., ne serait que manifestations diverses d'une même force, d'une même vie.

Et pourquoi pas d'une même âme ?

J'ai dû écrire quelque part qu'il me déplait également d'être appelé ou matérialiste ou spiritualiste.

— Eh bien ! que suis-je donc ?

— Uniste... puisqu'il faut être quelque chose.

*
*

Toutes les nationalités s'affaissent, mais voici que grandit le seigneur Monde !

*
* *

La société actuelle évidemment s'écroule : qui s'en soucie ! Chacun n'est-il pas aveuglé par ses écroulements personnels ?

Mais si tout périt, on sent au fond de tout pal-
piter un espoir.

Serait-ce encore un leurre ?

Projets, comme si nous étions à l'aurore de la vie!

Eh! vraiment, la vie n'est-elle pas une éternelle
aurore ?

.*.

Henri IV chantait :

> Viens, aurore,
> Je t'implore,
> Je suis gai quand je te vois.

Il avait raison, étant lui-même une aurore, aurore
de la *libre conscience*, signal donné par lui d'une
grande fin de siècle (édit de Nantes).

En revanche, quelle fin de siècle honteuse devait
se préparer Louis XIV par la révocation de cet édit ?

Alternance curieuse en ces quatre fins de siècles :

1598 — Edit de Nantes.

1686 — Sa révocation.

1789 — Révolution.

1893 — France livrée au Pape et aux Juifs.

.*.

Jean Macé vient de publier son petit livre : *Philosophie de poche*, dans lequel beaucoup de choses me

font grand plaisir. Je l'en ai vivement remercié et félicité.

Je sens les critiques qu'on en pourrait faire et qu'on en fera.

— Philosophie de sénateur ! et puis, trop de *bondieuserie*.

XXXIV

Jean Macé, qui fut toute sa vie professeur de jeunes filles, n'a rien tant à cœur que de ne pas enlever aux chères fillettes leur petit Bondieu ; et sans doute, c'est respectable ; mais le petit Bondieu des âges primitifs, des petites philosophies enfantines, voilà précisément le *hic*.

C'est cette idée qu'on ne peut plus supporter, idée enfantine d'un constructeur et directeur des choses.

Le monde lui-même s'est révélé constructeur, constructeur éternel, tout-puissant, infini dans le grand, infini dans le petit, intelligent dans ses moindres atomes, et, nous devons l'espérer, connaissant la justice, la bonté, la grâce, qui a son reflet partout dans la nature.

Si nous savions mieux combien est belle la matière, c'en serait fini, absolument fini, de toutes nos

anciennes philosophies. Le temps est venu de se
sentir mieux que spiritualiste.

∴

Après plusieurs jours d'un froid excessif, le
temps se remet à la douceur, mais les hommes ne
s'y remettent guère.

Le soleil brille avec une grâce printanière. Pas un
nuage, pas un souffle hostile. La sève dort dans les
arbres, mais on sent à je ne sais quoi le réveil ; il est
dans la lumière, dans la température, dans la pureté
du ciel, dans la brise doucement caressante. La nature, avec ses mystères divins de vie et d'immorta-
lité, est toujours belle, toujours fortifiante.

∴

Les circonstances actuelles sont si émouvantes, si
nouvelles, si pathétiques, qu'on en est soi-même
profondément renouvelé, agrandi de pensée et vivifié,
même lorsqu'on sent la vieillesse vous saisir à la
gorge, vous ligaturer de ses bandelettes, vous laisser
chaque jour moins d'action et de plus en plus vous
diminuer la lumière, l'ouïe, l'intelligence.

∴

Je suis d'ailleurs depuis plusieurs mois, à relever,
à classer, souvent même à brûler de vieilles lettres

et brouillons de lettres ; mais trop souvent aussi le cœur me manque pour cette destruction.

Quelques-unes de mes lettres à Michelet m'ont presque surpris en les relisant, aussi en ai-je brûlé pas mal. Combien plus naturelles et plus gaies les lettres aux amis ! Dans ma pauvre petite vie de libellule, l'historien faisait ombre comme une cathédrale dans une ville de province.

Trop cathédrale, en effet, Michelet sentait le cloître. Le Moyen-Age eut ses traces en lui comme en aucun de nos contemporains. Homme de monastère bien plus qu'homme de la nature, cette Circé lui faisait peur.

Combien sa puissance philosophique en est amoindrie, malgré l'extraordinaire éclat du style.

.˙.

Relisant à Rouen ce que je dis de la *Chanson des rouliers*, si bien chantée à Barentin par l'oncle Alexandre, j'ai voulu savoir ce que j'en ai dit précédemment dans *La Campagne*. Là, je fais chanter par l'oncle Buron et le père Vieillot *la Jolie Marjolaine*.

Les deux versions sont également vraies. *La Jolie Marjolaine* chantée à Barentin par l'oncle Alexandre, je l'entendis chanter au Tot plus tard, par mon oncle Buron (oncle maternel) et par son ami le père

Vieillot; l'un et l'autre avaient fait toute leur vie le roulage.

Ainsi nous avions dans la famille de mon père des porteux, et des rouliers dans la famille de ma mère. Equivalence de noblesse et de fortune.

XXXV

L'au-delà de Brin d'herbe.

Tige de balsamine glanduleuse, Brin d'herbe rapporté du laboratoire, je l'ai vu sur ma cheminée se décolorer, se dessécher... puis il m'a donné le spectacle de sa transformation par le feu. Brûler, flamber, produire chaleur et lumière, n'était-ce pas comme un réveil pour Brin d'herbe ?

Lumière et chaleur, retour empressé à des éléments amis, tel a été l'au-delà de ma basalmine ; mais par delà ce triomphe du feu, quelle suite infinie d'autres manifestations vitales !

. Brin d'herbe ne quitte pas la vie, il la tient, elle le tient par toute une éternité de métarmorphoses, de vies, de revies.

Je pensais à Georges Pouchet, mort il y a quelques jours, qui a voulu qu'on rendît sa transformation aussi rapide que possible et s'est fait brûler comme Brin d'herbe.

**

Je t'ai vu, Brin d'herbe, dans cette apothéose du feu !
Tu fus flamme, lumière, chaleur, électricité ; peut-
être tu fus âme !

**

En son enfance naïve, l'humanité voyant la matière si peu solide, si muable, si périssable, prenant
en ce phénomène la vie pour la mort, imagina en
dehors de la matière un être supérieur à tout, invi-
sible, intangible, impérissable ; elle imagina l'âme,
l'esprit.

Mais Matière-âme, Matière-vie et force, Matière
qui emplit de sa substance infinie l'espace infini, qui
nous stupéfie de son éternité, de son ubiquité, de
son activité incessante, Matière possède en son
essence inexplicable tout ce que vous prêtiez à l'esprit, à l'âme, à Dieu. Car si le mot Dieu vous plaît,
il ne vous est pas interdit de le conserver en l'appli-
quant à l'infime Matière-Ame dont Brin d'herbe fut
une manifestation.

XXXVI

En vacances à Vascœuil : Elisée Reclus, un peu
vieilli, fatigué peut-être, mais toujours jeune de
regard, d'accent.

Loi d'atavisme nulle part plus marquée qu'en cette famille protestante des Reclus. Ardent et austère s'y retrouve l'esprit des pasteurs du désert ; même appétence de sainteté.

Pleins d'illusions et d'espoir, ils ont en mirage devant eux la Terre promise ; ils y courent et voudraient y voir courir les autres.

*
* *

N'ai-je pas vu au musée du Louvre un tableau de l'école espagnole représentant je ne sais quel effrayant hidalgo sorti de sa tombe pour écrire ses mémoires, qu'il n'avait pu sans doute écrire de son vivant ?

Comme cet hidalgo dut le faire, je recueille en mes derniers jours des notes, des points de repère, des bribes autobiographiques, et çà et là quelques réflexions, comme si je comptais, moi aussi, revenir après décès rédiger mes mémoires.

*
* *

On pourrait écrire sur ma tombe, si j'en avais une, l'histoire de l'univers entier ; ce serait la mienne. Et encore ?... Car il y a partout et pour tous l'éternel *encore.*

C'est le cri, c'est le chant de toute vie : Encore ! encore !

*
* *

Nous nous éteignons, nous sommes morts, nous
sommes finis (au moins en apparence) que de toutes
nos fibres et cellules en décomposition s'exhale dans
les airs l'inextinguible, l'inassouvissable *encore*.

*
* *

Le spiritualisme est-il autre chose que le pressentiment vague de cet *encore*, essence, fond et nécessité
de toute vie ?

*
* *

J'ai rapporté de Vascœuil la collection des lettres
de Morin; j'en ai parcouru quelques-unes et j'y retrouve ce fait complètement oublié, qu'en 1860, au
moment de quitter le Tot, il me fut offert d'être
secrétaire d'Henri Martin.

En perspective, 1,800 francs, que l'on eût sans
difficulté portés à 2,000 et pas plus de trois heures
d'occupation chaque jour, avec promesse de collaboration au *Siècle*. Je refusai. Paris m'a toujours fait
peur ; secret et invincible pressentiment que là n'était
pas ma place.

Ne dus-je pas craindre aussi que l'érudition historique me manquât pour vivre auprès de l'historien ?

C'est, je crois, le Saint-Genest de Rotrou qui,

comédien de profession, tout à coup ne veut plus être que l'*acteur de lui-même?* Sans être un saint, je ne devais être, paraît-il, que le secrétaire de moi-même.

∴

On m'a demandé si, moi aussi, je n'écrirais pas mes mémoires.

Mes Mémoires! En vérité, les voici. Singuliers mémoires, écrits sans le savoir, ce qui n'est pas une mince originalité. Aussi me garderais-je d'en modifier la forme.

Les souvenirs n'y sont-ils pas plus naturellement évoqués qu'ils n'eussent pu l'être dans un récit prémédité, suivi de point en point, chapitre I, chapitre II, etc.?

Pour commencer, venue au monde d'un pauvre petit être si informe, sí misère, que l'accoucheur (il s'appelait Legay et toute sa vie eut l'air de pleurer) jeta dans un coin le triste fœtus.

Heureusement, mon père me releva, me fit envelopper de linges chauds; le fœtus respirait et continua de respirer, de vivoter?

Grâce aux soins maternels, le petit être peu à peu se débarbouilla, se développa, marcha, parla; cependant Legay, toujours pleurard, affirmait que certai-

nement l'enfant ne dépasserait pas le premier septen-
naire.

J'en avais dix lorsque pour une indisposition on
le fit appeler et je l'entendis démontrer à mon père,
avec de grands mots, l'impossibilité pour moi de
franchir la puberté.

XXXVI

Qu'était-ce que cette puberté pour moi si mena-
çante? Je consultai un dictionnaire : elle arrivait
pour les jeunes gens entre quatorze et seize ans.
J'eus peur. Cependant, je franchis gaillardement la
quatorzième année. C'était en 1830; il y avait de
l'électricité dans l'air, il y en avait même en ma
petite personne. J'étais dru, très vezilland (vieux
mot normand); Legay était mort et le troisième sep-
tennaire allait être franchi; mais ne voilà-t-il pas
que je devins malade et qu'un nouveau docteur dé-
clara que je n'achèverais pas l'année. Il me jugeait
phtisique.

Tous ces pronostics lugubres, je crois bien, me
sauvèrent, attendu que pour le peu que j'avais à
vivre, on me laissa en parfaite liberté et tranquillité
faire ce que je voulais, dans le joli jardin de la rue
Saint-Hilaire. J'y devins, tout seul, jardinier, bota-

niste, zoologiste, entomologiste, et surtout un grand philosophe.

Aujourd'hui encore je ne sais rien mieux que ce que j'appris là, avec les fleurs, avec les insectes, avec le ciel, les nuages, les étoiles...

* *

1895. — Tout un monde s'en va et je m'en vais moi-même. Les souvenirs n'en ont que plus de charmes... et quelquefois aussi plus d'amertume.

Mais dans la vieillesse certainement s'éclaire le jeu de la vie. On en apprécie mieux la marche, l'ensemble, le bon équilibre; c'est, au total, un gain.

* *

Mort à Rouen, il y a quelques jours, de Mme M..., à l'âge de quatre-vingts ans. Quoique dans l'aisance, sa vie avait toujours été comprimée. Peut-être à cause de cela devenue d'une laideur extraordinaire. Elle n'en avait pas moins été, à dix-huit ans, très gentille : minois frais, rose et rond comme une pomme; très éveillé, très drôle avec de grands yeux ronds, un peu gros, mais doux et tendres.

Que de métamorphoses en cet aimable visage pour en arriver aux laideurs de la fin ! Je l'avais connue au Tot petite fille, quand j'y allais tout jeune, avec mon père et ma mère.

Fille unique d'une mère de haute stature, solennelle et sentencieuse, elle avait pour père un petit bonhomme amusant qui ne tarissait pas d'anecdotes salées et poivrées. C'eût été un compagnon bien venu chez Boccace, chez Brantôme, chez Marguérite de Navarre. La Fontaine l'eût écouté bouche bée raconter comment un soir, à la fin d'un dîner de noces, il s'était fait cocu lui-même, sans le savoir.

La gaudriole était de mise alors dans la petite bourgeoisie où l'on aimait à rire. La France, nous dit-on, conservait quelque honnêteté parce qu'elle était encore chrétienne. Erreur. La France était encore gauloise et la gaieté nous était comme une salure dans le sang. La Restauration, en introduisant en France l'élément cafard, nous démoralisa. Contes joyeux il y a soixante ans s'échappaient encore des bouches les plus chastes; des dames de bonne compagnie en savaient et disaient de jolis.

Nos femmes de France fussent restées peut-être dans cette tradition sans la pédante éducation modelée sur celle de Saint-Cyr.

Mᵐᵉ de Sévigné lisait Rabelais. Que lisent les dames d'aujourd'hui ?

*
* *

Nés de 1815 à 1820, les vieillards actuels n'ont pas soixante-quinze ou quatre-vingts ans, ils sont vieux de cinq ou six siècles, tant les événements et changements autour d'eux ont passé vite. Depuis leur naissance, quelle génération avait vu jamais un tel renouvellement du monde ?

.**.

Aujourd'hui que souffle autour de nous un vent de catastrophes, les prophètes bibliques ont beau jeu pour nous annoncer sinon la fin du monde, du moins la fin d'un monde.

.**.

Il y a heureusement de bons dessous à notre société malade.

Fin d'un monde, mais qui s'accompagne de recommencements.

.**.

La vie serait terne sans ce grand coup final, la mort, qui relève et enlève tout.

La mort ! n'est-ce pas pour toute existence l'heure du pardon, de la rentrée en grâce et quelquefois de l'entrée en gloire ?

Tous devraient y trouver une lueur d'apothéose. « La mort, dit Proudhon, est la dernière des béatitudes. » (*De la Justice*, t. II, p. 100.)

Il pleut, il grêle, il tonne.

A quoi, à quoi se rapporte ce *Il* ?

— Pronom impersonnel, disent les grammairiens.
Mais ce *Il* vraiment ressemble au Maître de l'univers.

Il pleut, Il grêle, Il tonne...

Jupiter ne faisait pas plus.

.•.

Je ne me fâcherais pas d'être appelé adorateur de *Il*.

Il est grand.

Il est superbe.

Il soulève les flots, les apaise, allume les volcans,
et fait trembler la terre.

Il fait au matin lever le soleil.

Il donne aux fleurs leur aimable parure.

Il gouverne, *Il* dirige l'univers entier.

.•.

Avec émotion et respect, j'écoutais hier *le Désert*,
de Félicien David.

Ineffables et pures harmonies! *Il* m'y apparaissait
partout.

Brises de l'infini, chants du soir, marche des cara-
vanes, actions de grâces à l'immensité, je rendais
grâce moi-même à *Il* et à son incomparable inter-
prète, au musicien-prophète, égal en grandeur aux
plus grands.

11

*
* *

On a pu supprimer Jupiter, Jehovah, Dieu. On
ne supprimera pas *Il*. Mes amis, nous pourrons toujours dire : *Il* pleut, et même : *Il* fait beau!

*
* *

Nombre de choses bonnes, nombre de choses glo-
rieuses se sont faites de nos jours, mais le plus puissant acteur contemporain ne semble-t-il pas avoir été
anonyme? Monsieur *On* paraît être aujourd'hui représentant de la souveraineté. Et ce que veut, ce
que commande cette Majesté, c'est bien voulu, bien
commandé.

Machiavel, tu avais rêvé *le Prince*; es-tu content
de celui-ci?

*
* *

Belle fin d'été, qui me rend mes anciennes extases
devant le moindre coin de nature, surtout le soir :

> Quand la nuit étend son voile
> Et qu'au ruisseau transparent
> Vient se mirer une étoile,
> Ah! que l'univers est grand!
> Mais, hélas! juillet fait sa gerbe,
> L'été, lentement effacé,
> Tombe feuille à feuille dans l'herbe,
> Et jour à jour dans le passé.

Serais-je repris de la maladie des citations? J'en fus autrefois gravement atteint ; et non sans remords, je me rappelle ceci :

Mon père, Dumesnil et moi, revenions de Saint-Wandrille; ce devait être en 1840; nous avions passé la journée précédente chez M. Pouyer, filateur à Rançon... Ne m'avisais-je pas de dire, dans un moment de sotte vantardise, que je réciterais des vers sans interruption, ni redites, depuis Caudebec jusqu'à Rouen ? Nous allions en cabriolet, au petit pas de notre paisible cheval, et j'eus la cruauté de tenir ma promesse; sans pitié de mon père, ni du pauvre Dumesnil, qui eut, avec tant de raison, préféré la libre causerie au milieu de ce beau pays, par un temps superbe, en plein mois de mai.

Quel cuistre j'étais alors ! Ah ! on met du temps à se débarbouiller du collège !

Mais sommes-nous débarbouillés même au moment de finir ?

On nous baptise à notre entrée dans la vie ; n'y aurait-il pas à nous laver quand nous en sortons ?

Mais ..... nous n'en sortons pas.

FIN

ROUEN

IMPRIMERIE J. LECERF

1902

www.ingramcontent.com/pod-product-compliance
Lightning Source LLC
Chambersburg PA
CBHW052058090426
42739CB00010B/2230